INDICE

Hangang 한강 - Un parco giochi lungo il fiume per tutti!

8 LUOGHI · **6 ATTIVITÀ** · **2 SFIDE IMPERDIBILI**

Scorrendo nel cuore della città, Hangang offre una fuga serena dalla frenesia urbana. Scopri panorami mozzafiato, eventi culturali e attività ricreative. Dalle passeggiate rilassanti ai picnic, Hangang offre qualcosa per tutti, regalando momenti indimenticabili per ogni visitatore.

Palazzi reali di Seul - Scopri le perle della storia coreana

36 LUOGHI · **38 ATTIVITÀ** · **13 SFIDE IMPERDIBILI**

I cinque palazzi reali di Seul vantano un'architettura straordinaria, giardini immacolati e un'affascinante significato storico che ti trasporteranno indietro nel tempo per offrirti una panoramica della ricca e affascinante storia della Corea. Inoltre, potrai partecipare a divertenti attività culturali come indossare i tradizionali abiti hanbok e assistere a spettacoli della tradizione coreana. E l'ultima novità: la visita a Cheong Wa Dae, l'ex residenza dei presidenti sudcoreani! Ti diremo esattamente come fare.

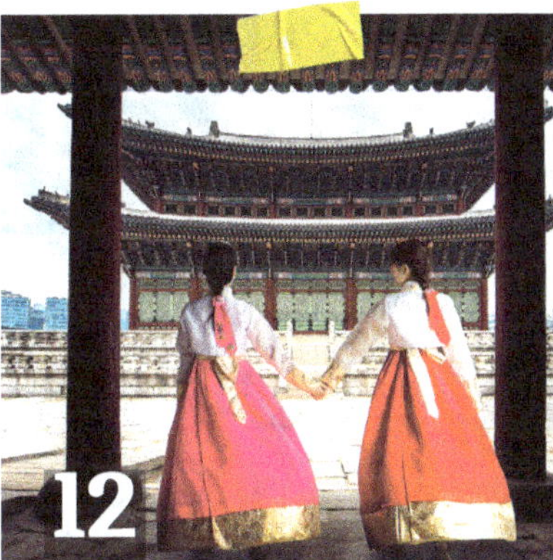

Villaggi Hanok - Torna indietro nel tempo e vivi lo stile di vita coreano!

9 LUOGHI · **8 ATTIVITÀ** · **5 SFIDE IMPERDIBILI**

Scopri la bellezza unica dell'architettura tradizionale coreana passeggiando per le strade di questi quartieri storici. Tuffati nello stile di vita tradizionale coreano e approfondisci la conoscenza della ricca cultura e del patrimonio del paese. Questi villaggi sono una finestra sul passato della Corea con i loro incantevoli caffè, i negozi locali e gli splendidi dettagli architettonici.

Showdown dello street food coreano - Gusta lo street food più amato della Corea!

5 LUOGHI · **5 ATTIVITÀ** · **2 SFIDE IMPERDIBILI**

Deliziati con i sapori autentici dei ristoranti coreani di strada e immergiti nell'atmosfera vibrante in cui i locali si riuniscono per assaporare i loro piatti preferiti. Vivi la vera essenza della ristorazione locale, proprio come un abitante del luogo!

Shopping di souvenir – porta a casa un pezzo di Corea

5 LUOGHI **3 ATTIVITÀ** **6 SFIDE IMPERDIBILI**

I vivaci negozi di souvenir e i mercati delle pulci di Seul offrono un'incredibile selezione di souvenir coreani unici e tradizionali. Dall'artigianato tradizionale alla bigiotteria moderna, questi negozi offrono qualcosa per tutti.

Gangnam Style – Scopri il quartiere più trendy della Corea!

16 LUOGHI **38 ATTIVITÀ** **13 SFIDE IMPERDIBILI**

Immergiti nella vivace cultura di Gangnam, la zona più trendy e alla moda di Seul, attraverso attività ed esperienze divertenti. Prova le ultime tendenze di K-beauty e degusta la deliziosa cucina locale; potrai vedere e fare di tutto.

K-Pop adventure – Un viaggio nella scena musicale pop Coreana!

11 LUOGHI **3 ATTIVITÀ** **6 SFIDE IMPERDIBILI**

Parti per un viaggio nella la scena musicale coreana, dove potrai scoprire da vicino l'industria che ha conquistato il mondo. Visita le aziende di intrattenimento K-Pop, segui le orme delle star K-Pop, scatta foto con le iconiche statue degli orsi K-Pop e impara anche qualche passo di danza per capire cosa significa essere un idol K-Pop!

Tragedie e trionfi – Impara la storia della Corea attraverso i musei

4 LUOGHI **3 ATTIVITÀ** **5 SFIDE IMPERDIBILI**

Scopri le incredibili conquiste del passato e impara la storia moderna della Corea e le lotte che la nazione ha dovuto affrontare. Ascolterai storie tragiche e storie di vittoria che ti ispireranno e legheranno allo spirito del popolo coreano. Parti per questo viaggio indimenticabile e celebra la brillantezza del passato e guarda al futuro.

Trovare la pace a Seul - Un viaggio spirituale per calmare la mente e il corpo

8 LUOGHI   **6 ATTIVITÀ**   **6 SFIDE IMPERDIBILI**

Immergiti nel cuore dell'arazzo spirituale della Corea visitando venerati templi buddisti, chiese storiche e grandi moschee. Immergiti in paesaggi tranquilli, abbraccia riflessioni profonde e trova la pace interiore in mezzo alla diversità culturale.

Adventure a Seul - Attività romantiche e per famiglie per tutti i gusti

17 LUOGHI   **14 ATTIVITÀ**   **21 SFIDE IMPERDIBILI**

Per famiglie che vogliono rafforzare i propri legami o per le coppie in cerca di momenti romantici, Seul offre tantissime emozioni ed esperienze indimenticabili per tutti. La città promette un delizioso mix di avventure intime e familiari che creeranno sicuramente dei ricordi da custodire.

Subway Korea

Fornisce l'ultima mappa della metropolitana di Seul e tutte le mappe della metropolitana forniscono informazioni in tempo reale sul transito, gli orari e i trasferimenti, oltre a un calcolatore del percorso ottimale.

Naver Map

Dalle indicazioni stradali nei minimi dettagli agli orari dei treni, fino ai bagni nelle vicinanze, questa app offre tutto ciò di cui hai bisogno per spostarti in Corea.

PAPAGO

Questa app basata sull'IA fornisce ottime traduzioni soprattutto in Corea, un'opzione indispensabile quando si viaggia in Corea.

Catch Table

Ti consente di prenotare facilmente un ristorante in lingua inglese.

Kakao Map

Simile a Naver Map, ma se hai Kakaot Talk è più pratico perché è maggiormente integrato con altri servizi come Kakao Taxi e Kakao Talk.

Google Maps

Simile a Naver Map, tuttavia pecca delle indicazioni stradali in Corea. Offre informazioni sulla metropolitana e sui luoghi vicini in più lingue rispetto a Naver Map.

Emergency Ready

Offre un accesso rapido ai rifugi nazionali, ai centri medici di emergenza, alle stazioni dei vigili del fuoco, alle stazioni di polizia, alle guide sulla sicurezza e alle chiamate di emergenza dirette al 119.

1330 Korea Travel Helpline

Offre assistenza vocale e live chat ai turisti, fornendo informazioni di viaggio in 8 lingue, assistendo nell'interpretazione, nei reclami e nell'accesso all'assistenza della polizia quando necessario.

Guida turistica della metro di Seul Corea

Ti insegna a visitare le 100 principali attrazioni della città semplicemente prendendo la metropolitana.

Parliamo Coreano

Impara oltre 1.400 frasi e pronunce coreane essenziali in modo facile e veloce grazie ai file audio scaricabili. Ascolta, ripeti e impara!

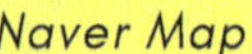

PAGARE IN COREA

500 오백원 (O-BAEK-WON), CIRCA 50 CENTESIMI EUR

100 백원 (BAEK-WON), CIRCA 10 CENTESIMI EUR

50 오십원 (O-SHIP-WON), CIRCA 5 CENTESIMI EUR

10 십원 (SHIP-WON), CIRCA 0,7 CENTESIMI EUR

ESISTONO ANCHE MONETE DA 5 E 1 WON, MA OGGI NON VENGONO QUASI PIÙ UTILIZZATE.

LE PRINCIPALI CARTE DI CREDITO (VISA/MC/AMEX) SONO ACCETTATE QUASI OVUNQUE IN COREA.

SONO DISPONIBILI ANCHE SAMSUNG GALAXY PAY E APPLE PAY

PUOI UTILIZZARE LA TUA CARTA DI DEBITO RILASCIATA NEL TUO PAESE PER PRELEVARE DENARO DA UN BANCOMAT IN COREA. CERCA LA SCRITTA "GLOBAL ATM" SUL BANCOMAT.

T-MONEY CARD 

DEVE ESSERE ACQUISTATA (LA CARTA PIÙ ECONOMICA COSTA 3.000 KRW) PRESSO UN PUNTO VENDITA CON IL LOGO T-MONEY, UN DISTRIBUTORE AUTOMATICO (LINEA 1-4) O PRESSO IL CENTRO INFORMAZIONI DELLA STAZIONE (LINEA 5-8).

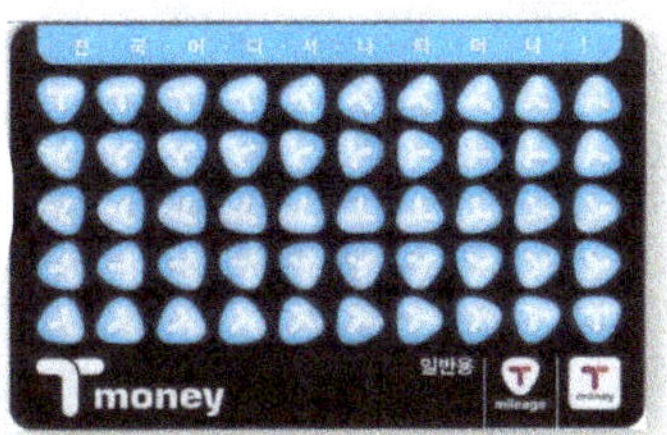

PER METROPOLITANA / AUTOBUS / TAXI

Hangang 한강

Un parco giochi lungo il fiume per tutti!

Scorrendo nel cuore della città, Hangang offre una fuga serena dalla frenesia urbana. Scopri panorami mozzafiato, eventi culturali e attività ricreative. Dalle passeggiate rilassanti ai picnic, Hangang offre qualcosa per tutti, regalando momenti indimenticabili per ogni visitatore.

L'Hangang è un fiume particolarmente esteso che attraversa varie zone della città e offre diversi punti di accesso ai visitatori. Tuttavia, ci concentreremo sul **Parco Banpo Hangang** perché offre qualcosa in più con la sua **Isola Galleggiante** e il **Ponte Arcobaleno**. Detto questo, scegliere uno piuttosto che l'altro non farà molta differenza, perché tutti i luoghi offrono un'esperienza simile!

 **Parco Banpo Hangang 반포 한강 공원** Seocho-gu, Shinbanpo-ro 11-gil 40 서초구 신반포로11길 40
25 minuti a piedi (1.3 km) dalla stazione di **Express Bus Terminal Uscita #8-1 Metropolitana Linea 9**

 **Parco Yeouido Hangang 여의도 한강 공원** Yeongdeungpo-gu, Yeouidong-ro 330 영등포구 여의동로 330
5 minuti a piedi (249 m) dalla stazione di **Yeouinaru Uscita #3 Metropolitana Linea 5**

 **Parco Ichon Hangang 이촌 한강 공원** Yongsan-gu, Ichon-dong 302-17 이촌동 302-17
20 minuti a piedi (1.3 km) dalla stazione di **Ichon Uscita #4 Metropolitana Linea 4**

 **Parco Ttukseom Hangang 뚝섬 한강 공원** Gwangjin-gu, Jayang-dong 704-1 광진구 자양동 704-1
Nelle vicinanze di **Ttukseom Resort Uscita #3 Metropolitana Linea 7**

 **Parco Jamsil Hangang 잠실 한강 공원** Songpa-gu, Jamsil-dong 1-1 송파구 잠실동 1-1
25 minuti a piedi (1.5 km) from **Jamsil Uscita #6 Metropolitana Linea 2**

Banpo Hangang 반포 한강 공원
Seocho-gu, Shinbanpo-ro 11-gil 40 서초구 신반포로11길 40
25 minuti a piedi (1.3km) dalla stazione di **Express Bus Terminal Uscita #8-1 Metropolitana Linea 9**

1 Facciamo un picnic ad Hangang!

Coperte, sedie o tavoli da picnic sono ammessi ovunque nell'area erbosa, quindi non esitare a scegliere il tuo posto preferito! Le tende, invece, sono ammesse solo nelle aree preposte, con le seguenti restrizioni.

*Puoi portare la tua tenda, oppure ci sono molti negozi che noleggiano tende nella zona per circa 20 dollari. Nelle vicinanze ci sono anche minimarket e bagni pubblici.

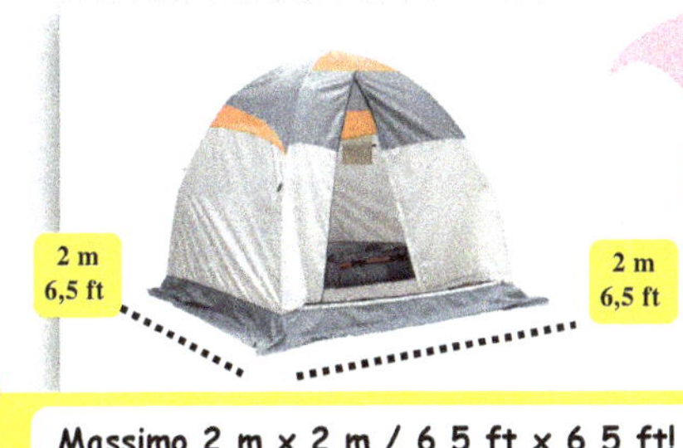

Stagione Consentita

Dal 1° aprile al 31 ottobre

Ore

aprile - maggio,
settembre - ottobre
9.00 - 19.00
giugno - agosto
9.00 - 20.00.

I negozi per il noleggio si trovano a Seocho-gu, Banpodaero 316, B1
*Vedi la mappa qui sopra come riferimento **서초구 반포대로 316 지하 1층**

Gusta la Combo Chimaek (pollo e birra)! 

Chimaek 치맥 , abbreviazione di "Pollo" + "Maekju 맥주 (birra)", è una scelta molto gettonata per i picnic coreani. A Seorae Naru 서래나루, che si trova a pochi passi dall'Isola Galleggiante, si trova un ristorante specializzato in chimaek che offre di un'ampia area per sedersi, in modo da non dover fare la fatica di ordinare e ritirare la consegna.

Prova la Macchina per Spaghetti Istantanei Ramyun!

Visita un minimarket lungo il fiume e trova una macchina che prepara i noodles istantanei ramyun! Tutto ciò che dovrai fare è mettere i noodles e la zuppa nell'apposito contenitore e la macchina erogherà automaticamente l'acqua e inizierà a cuocere (se non sei sicuro, chiedi a qualsiasi visitatore del parco coreano e sarà più che felice di aiutarti). Assapora i tuoi deliziosi ramyun noodle ammirando la splendida vista di Hangang!

제이 blog.naver.com/travelcrazykorean (CC BY-SA 2.0 KR)

Cattura il momento perfetto nei migliori punti fotografici di Hangang!

Guarda la grande luna piena! Si dice che se esprimi un desiderio durante la Super Luna e pensi ai conigli che i coreani credono vivano sulla luna in antiche storie, il tuo desiderio potrebbe avverarsi.

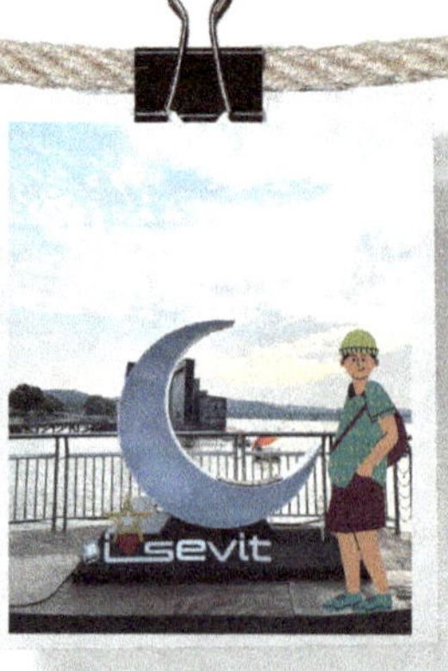

La mezzaluna è un simbolo speciale dell'isola di Sebit! È bello di giorno, ma ricordati di goderti il suo lato ancor più bello di notte!

Il palco all'esterno, al centro della piazza, è il luogo in cui i partecipanti scattano foto di gruppo e si cimentano in sfide divertenti per i social media! Gira qui il tuo prossimo video virale!

L'Isola galleggiante futuristica 세빛섬!

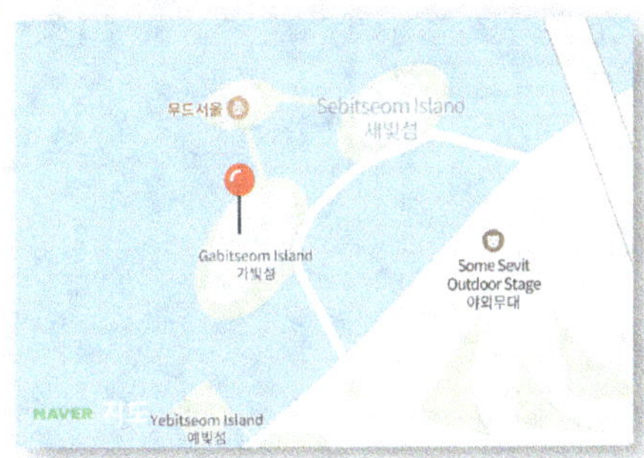

Vantando una fantastica vista notturna in cui luci LED colorate e meravigliose si armonizzano con il fiume, Some Sevit 세빛섬 (Isola Galleggiante) è uno dei luoghi notturni più visitati di Seul. È composta da isole artificiali che ospitano strutture per matrimoni, ristoranti e caffè e viene utilizzata come spazio per yacht, barchette e varie mostre, spettacoli ed eventi.

*Sebit / Sevit, Gabit / Gavit, Solbit / Solvit sono intercambiabili.

Per maggiori informazioni, visita **somesevit.com**

Goditi un mini picnic sul fiume con un Tubester!

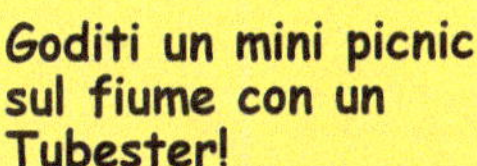

Goditi un'esperienza rilassante sulla tua mini moto d'acqua privata, porta con te il tuo cibo e le tue bevande preferite e sperimenta la placida bellezza della natura che ti circonda! Situato al piano terra dell'Isola di Gabit, è il luogo ideale per un mini picnic sul fiume!

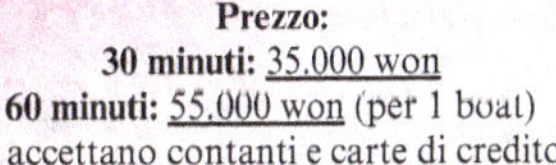

Prezzo:
30 minuti: <u>35.000 won</u>
60 minuti: <u>55.000 won</u> (per 1 boat)
Si accettano contanti e carte di credito.

Per sicurezza, i minori devono essere accompagnati da un adulto e ai neonati, alle donne incinte, agli anziani e a chi è alto meno di 90 cm (3 ft) è vietato utilizzare il servizio.

Capacità:
6 persone al massimo con un tavolo

Orario:
<u>marzo - maggio / ottobre</u>
lun-ven: 15.00 - 23.00
sab/dom/Festivi: 13.00 - 23.00
<u>giugno - settembre</u>
lun-ven: 16.00 - 24.00
sab/dom/Festivi: 14.00 - 24.00

3 L'incredibile ponte dellafontana dell'arcobaleno!

Il parco ospita l'incredibile Fontana arcobaleno del ponte di Banpo, la fontana a ponte più lunga del mondo che si estende per oltre 1.140 metri! E la cosa più bella? Di notte, la fontana è illuminata da vivaci luci a LED che creano un magico spettacolo di acqua e luci assolutamente ipnotico! È davvero uno spettacolo da non perdere! E sì! È adiacente alla zona picnic, quindi puoi goderti lo spettacolo con i tuoi amici!

	Durata	Orari di Atttività
mag-giu	20 min	12.00, 19.30, 20.00, 20.30, 21.00.
lug-ago	20 min	12.00, 19.30, 20.00, 20.30, 21.00, 21.30.
set-ott	20 min	12.00, 19.30, 20.00, 20.30, 21.00.

Nota: le attività della fontana possono essere sospese a causa di condizioni meteorologiche come temporali o forti venti.

4 Sconfiggi il caldo al Moonlight Night Market!

홍대 준게스트하우스 blog.naver.com/juny-house (CC BY-ND 2.0 KR)

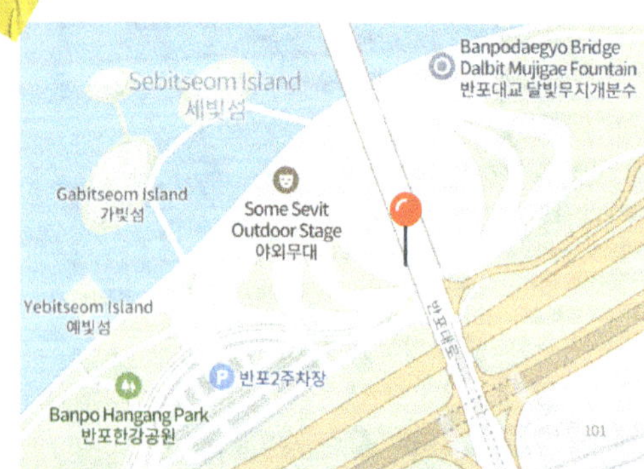

Vivi una serata unica e deliziosa all'Hangang Moonlight Market che si tiene al Parco Banpo Hangang (Moonlight Square). Grazie ai food truck e artisti artigianali, il mercato offre ai visitatori un'ampia varietà di delizie da gustare.

Hangang Moonlight Market @ Parco Banpo Hangang

Luogo: Moonlight Square
Attività: 40 food trucks, 50 booths
Orario: dalle 16.00 alle 21.00 (solo la domenica) dal 7 mag. all'11 giu. 2023

Hangang Moonlight Market @ Parco Yeouido Hangang

Luogo: Cascade Plaza
Attività: 40 food trucks, 50 booths
Orario: dalle 17.00 –22.00 (sabato & domenica) dal 16 set.al 22 ott. 2023

Per maggiori informazioni, visita **bamdokkaebi.org**

Pedala lungo la scenografica Hangang con Seoul Bike!

Hangang è la destinazione perfetta per godersi una giornata all'insegna del divertimento in bicicletta e visitare i dintorni! Grazie alle piste ciclabili preposte che si estendono per 240 km lungo il fiume, potrai ammirare panorami mozzafiato e scorgere gli abitanti del luogo e i turisti.

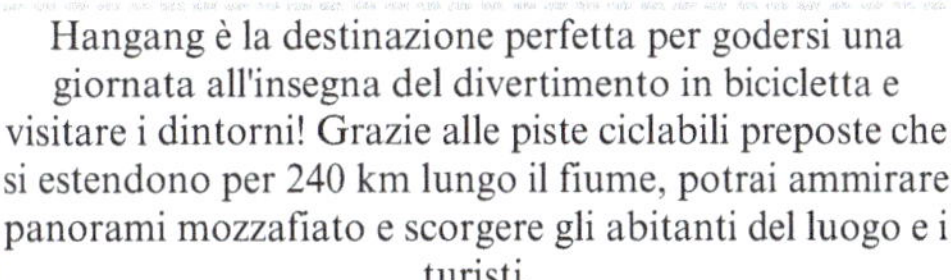

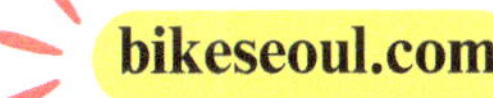

Grazie Seoul Bike (tta-reung-i 따릉이 in coreano), puoi prendere parte al divertimento in tutta semplicità e noleggiare una bicicletta a un prezzo accessibile. Il servizio è accessibile online o tramite l'applicazione mobile. Le informazioni in tempo reale sulla disponibilità di biciclette si trovano sulla mappa, con stazioni di biciclette situate in tutta Seul, anche vicino ad Hangang, così puoi programmare la tua avventura con facilità. Non perdere l'emozione e la bellezza delle piste ciclabili di Hangang!

Prezzo:
1 ora – 1,000 Won
2 ore – 2,000 Won
1 giorno – 5,000 Won

Ogni 5 minuti successivi ti verranno addebitati ₩200.

Dopo aver trovatoo una bici disponibile, puoi acquistare comodamente un pass attraverso il sito web o l'app e ricevere un codice numerico per sbloccare la bici, consentendoti di esplorare la città a tuo piacimento. Restituire la bici è facile: puoi lasciarla in qualsiasi stazione Seoul Bike.

Palazzi reali di Seul

Scopri le perle della storia coreana

I cinque palazzi reali di Seul vantano un'architettura straordinaria, giardini immacolati e un'affascinante significato storico che ti trasporteranno indietro nel tempo per offrirti una panoramica della ricca e affascinante storia della Corea. Inoltre, potrai partecipare a divertenti attività culturali come indossare i tradizionali abiti hanbok e assistere a spettacoli della tradizione coreana. E l'ultima novità: la visita a Cheong Wa Dae, l'ex residenza dei presidenti sudcoreani! Ti diremo esattamente come fare.

L'itinerario migliore per visitare tutti e cinque i palazzi in un solo giorno consiste nel partire da **Gyeongbokgung** al mattino e dirigersi verso est fino a **Changdeokgung** e **Changgyeonggung**. Da lì, puoi dirigerti a sud verso **Deoksugung** e concludere la giornata a **Gyeonghuigung**, situato nella parte occidentale della città. Prendi la metropolitana per risparmiare tempo ed evitare il traffico.

1 **Gyeongbokgung 경복궁**

Jongno-gu, Sajik-ro 161 종로구 사직로 161

3 minuti a piedi (225 m) dalla stazione di
Gyeongbokgung Uscita #5 Metropolitana Linea 3

2 **Changdeokgung 창덕궁**

Jongno-gu, Yulgok-ro 99 종로구 율곡로 99

6 minuti a piedi (381 m) di **Anguk Uscita #3 Metropolitana Linea 3**

3 **Changgyeonggung 창경궁**

Jongno-gu, Changgyeonggung-ro 185 종로구 창경궁로 185

13 minuti a piedi (771 m) dalla stazione di
Hyehwa Uscita #4 Metropolitana Linea 4

4 **Deoksugung 덕수궁**

Jung-gu, Sejong-daero 99 중구 세종대로 99

1 minuti a piedi (80 m) dalla stazione di **City Hall Uscita #2 Metropolitana Linea 1**

5 **Gyeonghuigung 경희궁**

Jongno-gu, Saemunan-ro 45 종로구 새문안로 45

10 minuti a piedi (639 m) dalla stazione di
Seodaemun Uscita #4 Metropolitana Linea 5

6 **Cheong Wa Dae 청와대**

Jongno-gu Cheongwadae-ro 1 종로구 청와대로 1

24 minuti a piedi (1.4 km) dalla stazione di
Gyeongbokgung Uscita #3 Metropolitana Linea 3

Questo non è un palazzo reale, bensì una residenza che ha ospitato i precedenti presidenti coreani. Recentemente è stato aperto al pubblico. Ti consigliamo vivamente di visitare questo splendido luogo come parte del tuo tour!

1 GYEONGBOKGUNG 경복궁
"Palazzo benedetto dal cielo"

Gyeongbokgung è situato nella parte settentrionale di Seul ed è il più grande dei cinque palazzi. Fu il palazzo principale durante la dinastia Joseon e presenta numerosi padiglioni, giardini e cortili.

gen - feb: 9.00 - 17.00
mar - mag: 9.00 - 18.00
giu - ago: 9.00 - 18.30
set - ott: 9.00 - 18.00
nov - dic: 9.00 - 17.00
(l'ultimo ingresso è consentito un'ora prima della chiusura.)

ROYAL PALACE PASS

VISITA GUIDATA GRATUITA
한국어 English 日本語 中文

NIGHT TOUR PROGRAM

*Chiuso il **martedì** (se una festività nazionale cade di martedì, è chiuso il giorno successivo.)
*Offre un **programma di visite notturne stagionali**. Consulta il sito web per conoscere gli orari più aggiornati.

Età 19~64 3.000 won / 2.400 won (gruppo, 10 o più)
- Gratuito: Fino ai 18 anni, dai 65 anni in su / Per chi indossa l'Hanbok
- Acquista un **biglietto combinato/pass per il Palazzo Reale 통합관람권** per 10.000 won (anziché 14.000 won dei biglietti separati) per accedere a Gyeongbokgung, Changdeokgung (con il Giardino Segreto), **Changgyeonggung**, **Deoksugung** e **Jongmyo Shrine**. Valido per tre mesi. Da acquistare in loco al momento della visita.
  *<u>Non</u> include **Gyeonghuigung**.

COME ARRIVARE

COSA C'È INTORNO AL PALAZZO?

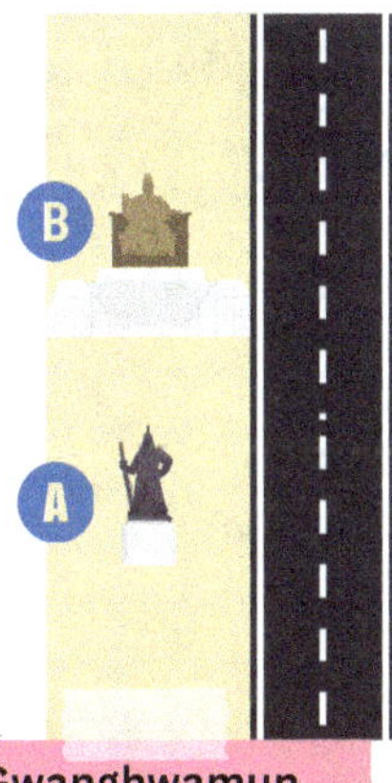

A Statua dell'ammiraglio Yi Sun-Sin

Scatta una Foto Epica con un Leggendario Eroe della Guerra di Corea!

La statua commemora l'Ammiraglio Yi Sun-sin 이순신, un leggendario comandante navale della dinastia Joseon, celebrato per la sua sagacia strategica e per le vittorie conseguite contro le invasioni giapponesi durante la guerra di Imjin alla fine del XVI secolo. La statua raffigura l'Ammiraglio Yi in tenuta militare, con in mano una spada e lo sguardo fiducioso verso l'orizzonte. È un simbolo del coraggio, del patriottismo e dello spirito indomito del popolo coreano!

Riesci a trovare la leggendaria Nave Tartaruga?

Guarda attentamente la parte inferiore della statua e troverai un modello della Nave Tartaruga corazzata, inventata dall'Ammiraglio Yi Sun-sin e che ha ricoperto un ruolo cruciale nello sconfiggere l'esercito giapponese. Tienilo d'occhio!

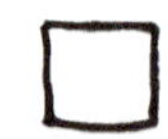

Posa con il re e scatta una foto!

La statua del re Sejong il Grande commemora il suo regno durante la dinastia Joseon. Il re Sejong è famoso per la sua attività di promozione della scienza, della letteratura e dell'istruzione. La statua lo raffigura seduto su un trono, con in mano un libro, a simboleggiare il suo contributo alla cultura coreana e la creazione dell'Hangul, l'alfabeto coreano. La statua ricorda la sua eredità duratura e funge da simbolo della storia coreana e dell'orgoglio nazionale. Scopri le brillanti invenzioni del regno di Re Sejong!

Scopri le brillanti invenzioni del regno di re Sejong!

Davanti alla statua del Re, puoi trovare le repliche di una sfera armillare, il primo pluviometro al mondo, e di una meridiana, che simboleggiano il progresso della scienza durante il regno del Re.

Visita il museo segreto sotterraneo!

Lo sapevi che dietro la statua c'è uno spazio segreto che nemmeno molti coreani conoscono? Stiamo parlando di un museo sotterraneo dedicato al re Sejong e all'Ammiraglio Yi Sun-sin. All'interno di questa vasta area, divisa in due sezioni, puoi conoscere meglio le vite e le imprese di questi due personaggi storici. Il museo offre tantissimi contenuti multimediali e attività pratiche che permettono ai visitatori di vivere un'esperienza diretta. Se dici di aver visitato questo luogo, le persone rimarranno davvero stupite perché si tratta di una scoperta davvero notevole!

sejongstory.or.kr

Ingresso: Gratuito
Orari: Dalle 10.00 alle 18.30 (ultimo ingresso alle 18.00).
*Chiuso tutti i lunedì.

(Se una festività legale cade di lunedì, il museo sarà aperto e non chiuso il giorno feriale successivo).

AUDIOGUIDA GRATUITA

한국어 English
日本語 中文
Español

Crea diversi souvenir!

Visita un chiosco e libera la tua creatività per creare un badge, un portachiavi o una presa di corrente unic, combinando elementi coreani con le figure iconiche del re Sejong e dell'ammiraglio Yi Sun-sin!
2.000 KRW (solo carta) dalle 11.00 alle 18.00.

Impara a scrivere il tuo nome in coreano!

Impara a usare il pennello e a scrivere il tuo nome in Hangul! Accanto al centro educativo King Sejong **GRATIS dalle 11.00 alle 18.00.**

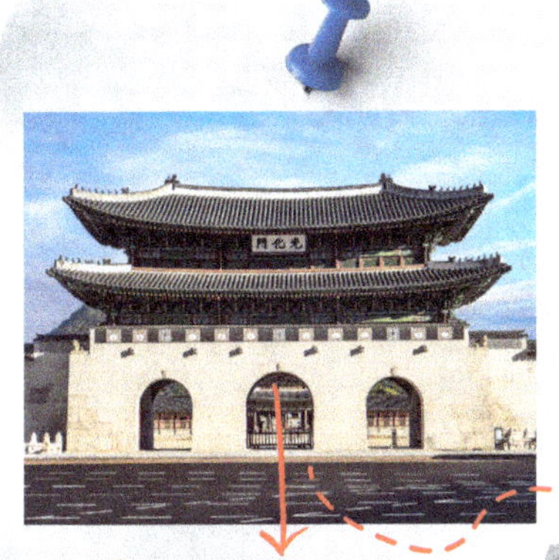

Gwanghwamun è la porta più grande di Gyeongbokgung ed è chiamata la porta della "luce che si diffonde". Fu costruita per la prima volta nel 1395 ed era un luogo importante di Seul quando era la capitale durante la dinastia Joseon. Purtroppo, la porta è stata danneggiata e ignorata in diversi periodi. Nel 1592, durante l'invasione giapponese, fu bruciata e lasciata in rovina per oltre 250 anni. Tuttavia, è stata sottoposta a numerosi progetti di restauro e la versione più recente è stata aperta al pubblico nel 2010.

Scegli il tuo percorso attraverso le porte dell'arcobaleno!

Gwanghwamun presenta tre porte a forma di arcobaleno: la storia racconta che il re usava la porta centrale, i funzionari militari entravano da quella di sinistra e i funzionari civili da quella di destra. Scegli la tua porta preferita ed entra in un luogo a tua scelta!

Scopri lafenice nascente sotto l'arco!

La Fenice Nascente è raffigurata sul soffitto della porta centrale di Gwanghwamun ed è uno dei quattro guardiani responsabili della difesa di est, ovest, nord e sud. Simboleggia la direzione sud. Entriamo nel palazzo con la guida della Fenice Nascente!

Scatta una foto con la statua di Haechi!

Sul lato anteriore del muro di Gwanghwamun si trova la statua di Haechi 해치, una creatura leggendaria della mitologia cinese e coreana. Haechi è raffigurato con un fisico muscoloso simile a quello di un leone, un corno sulla fronte, una campana intorno al collo e squame affilate che ricoprono il corpo. Durante la prima dinastia Joseon nell'antica Corea, le sculture di Haechi venivano utilizzate in architettura come simbolo di protezione per Hanyang (l'attuale Seul), garantendo la sicurezza dai disastri naturali e promuovendo l'ordine pubblico. Haechi è anche un'amata mascotte di Seul!

Noleggia un Hanbok ed entra gratis!

Immergiti nella vita di palazzo indossando uno squisito set completo di Hanbok. Ed ecco il bonus: indossando un completo Hanbok, potrai entrare gratuitamente nei palazzi. Ricorda che una maglietta e dei pantaloni Hanbok non possono essere considerati un completo.

*Puoi trovare diversi negozi per noleggiare completi Hanbok vicino all'**uscita #4 della stazione di Gyeongbokgung sulla linea 3 della metropolitana.**

D Museo del palazzo nazionale della Corea

gogung.go.kr

Scopri il patrimonio Joseon attraverso i manufatti!

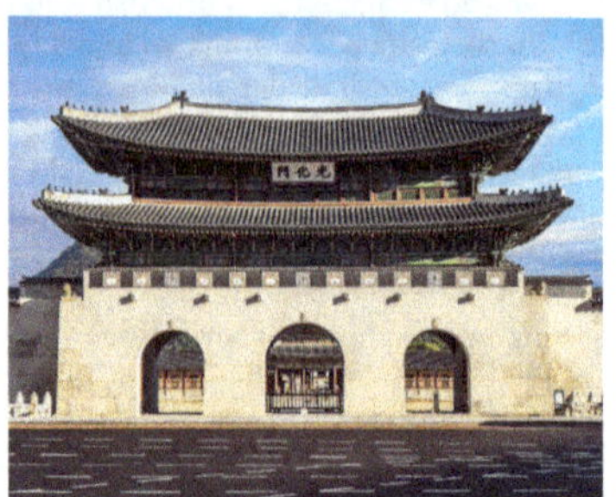

Situato all'interno di Gyeongbokgung, questo museo espone e supervisiona i tesori culturali e gli oggetti storici della famiglia reale Joseon. Comprende due piani fuori terra e un piano interrato, con un totale di 15 spazi espositivi che illustrano la storia della famiglia reale Joseon, compresi i vari palazzi, l'Impero coreano, i dipinti reali e i rituali.

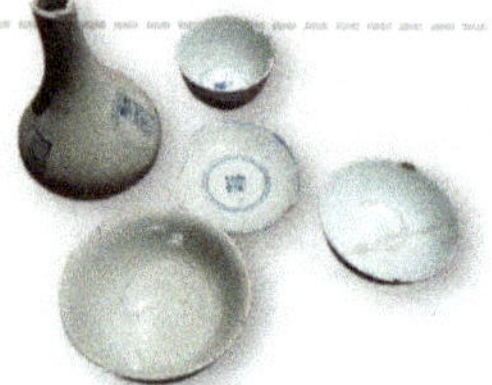

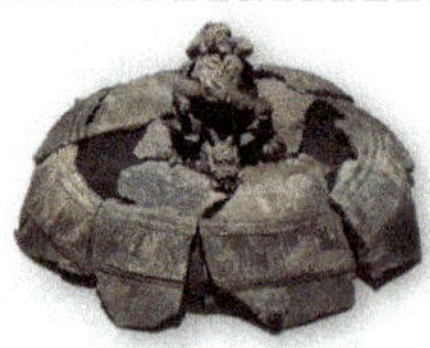

국립고궁박물관
Jongno-gu Hyoja-ro 12 종로구 효자로 12

Tutti i giorni 9.00 - 18.00
(l'ultimo ingresso è consentito un'ora prima della chiusura.) Chiuso il 1/1, Seollal, Chuseok

GEUNJEONGJEON 근정전 (SALA PRINCIPALE)

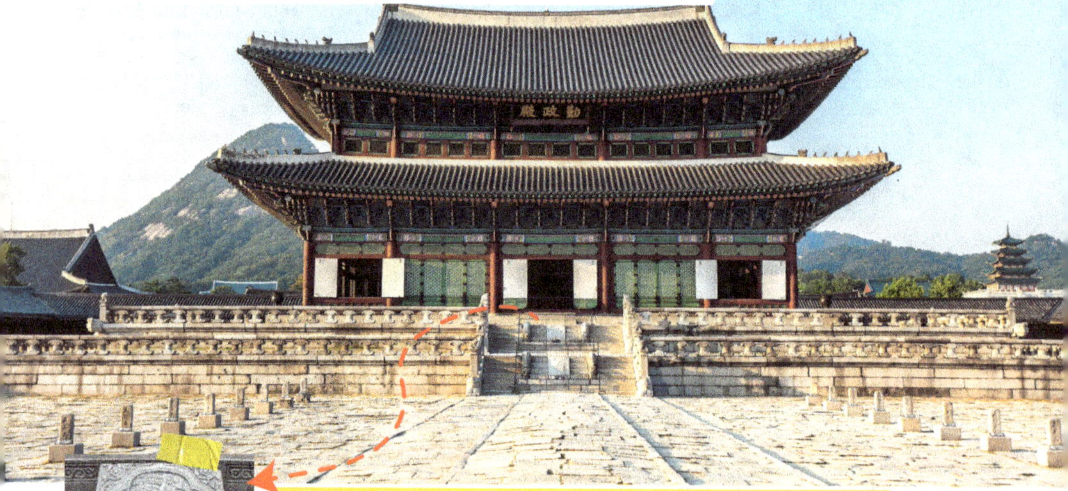

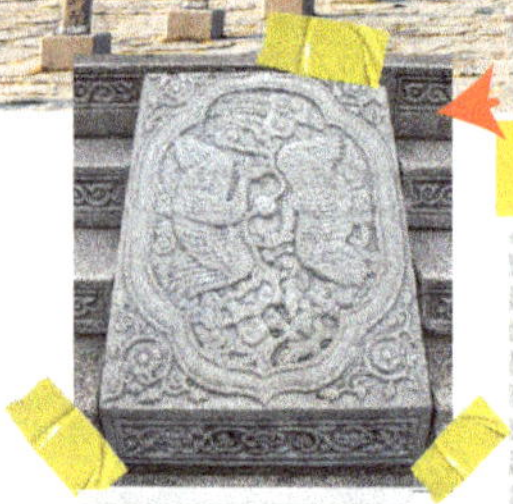

Trova la leggendaria fenice scolpita nella pietra!

Una volta entrato nel palazzo, troverai un percorso diviso in tre sezioni, conosciuto con il nome samdo 삼도 o "tre sentieri". Il sentiero centrale, il più largo e alto, è chiamato il sentiero reale (eodo 어도) e veniva utilizzato esclusivamente dai re. Il sentiero orientale era destinato ai funzionari civili, mentre quello occidentale ai funzionari militari. Nel complesso del palazzo, lungo il percorso del re si trova un'incisione in pietra a forma di fenice, che simboleggia pace e prosperità. Secondo la tradizione, il palanchino del re passava su questo punto perché non camminava direttamente sul terreno.

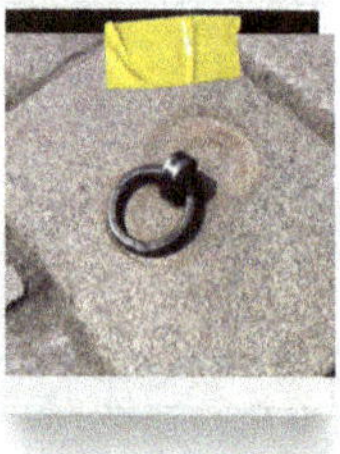

Trova gli anelli di ferro usati per montare le tende!

Sul pavimento del campo da gioco, puoi trovare i passanti in ferro utilizzati per montare le tende durante gli eventi più importanti. Questi anelli aiutano a tenere lontani la pioggia e la luce del sole. Venivano utilizzati per fissare le tende legando una spessa corda all'anello di ferro, in modo da coprire il sole quando necessario.

HYANGWONJEONG 향원정 (PADIGLIONE)

Attraversa il ponte per raggiungere il padiglione della "Fragranza di Lunga Portata"!

Hyangwonjeong 향원정 è un piccolo padiglione a due piani costruito nel 1873 dal re Gojong. La sua forma è esagonale e si trova su un'isola artificiale chiamata Hyangwonji 향원지. C'è un ponte chiamato Chwihyanggyo 취향교 che collega il padiglione al parco del palazzo. Hyangwonjeong significa "padiglione della fragranza di vasta portata" e Chwihyanggyo significa "ponte inebriato di fragranza". Il Chwihyanggyo originale era il ponte di legno più lungo della dinastia Joseon, ma fu distrutto durante la guerra di Corea. Fu poi ricostruito in un'altra posizione nel 1953, ma successivamente è stato riportato al suo posto originale sul lato nord dell'isola.

Scopri la conservazione dei cibi fermentati coreani!

Adiacente a Hyangwonjeong si trova il janggo (장고), un'area preposta per la conservazione di una vasta gamma di paste utilizzate nei banchetti reali, nei rituali e nei pasti. Qui troverai una vasta collezione di vasi di terracotta specializzati utilizzati per la fermentazione e la conservazione di diversi alimenti come il kimchi, la pasta di fagioli e il gochujang. Questi spazi di conservazione erano supervisionati da una dama d' corte nota come janggo mama 장고마마.

Trova le misteriose mini statue sul tetto!

Se guardi i tetti dei palazzi coreani, vedrai delle misteriose statue chiamate japsang (잡상). Queste statue sono collocate in gruppi di numeri dispari, solitamente fino a 11. Provengono da un antico sistema di credenze coreano e il loro scopo è quello di tenere lontani gli spiriti cattivi e la sfortuna, proprio come i gargoyle nelle storie occidentali. Inoltre, indicano che gli edifici sono importanti e imponenti. Questa tradizione potrebbe essere arrivata dalla Cina molto tempo fa, durante la dinastia Joseon, poiché si ritiene che le statue rappresentino personaggi e divinità della letteratura classica cinese, Viaggio in Occidente.

Fuori da Jagyeongjeon (자경전) troverai shipjangsaeng (십장생), noto anche come "Dieci simboli della longevità". Questo motivo tradizionale coreano presenta rappresentazioni del sole, della montagna, della roccia, dell'acqua, della nuvola, del pino, della pianta dell'elisir, della tartaruga, della gru e del cervo. Ogni simbolo ha un significato di longevità e, se combinati, rafforzano i loro significati individuali.

Trovali tutti!

- ○ sole
- ○ montagna
- ○ roccia
- ○ acqua
- ○ nuvola
- ○ gru
- ○ pianta dell'elisir
- ○ tartaruga
- ○ cervo
- ○ pino

Pranza come gli antichi coreani!

Giorni feriali 11.00 - 15.00
Fine settimana& Festivi 11.00 - 16.00

Situato vicino alla stazione di Gyeongbokgung, il Tongin Market è un vivace punto di ristoro al secondo piano che offre un'esperienza gastronomica unica. Qui puoi acquistare il tuo pasto utilizzando le Yupjeon 엽전, monete tradizionali della dinastia Joseon. Una volta scambiato il denaro con queste monete speciali, potrai scegliere il tuo cestino del pranzo personalizzato.

nfm.go.kr

Intraprendi un viaggio che ripercorre la vita comune coreana

(E) Museo popolare nazionale della Corea

Questo museo è stato costruito nel 1946, fuso con il Museo Nazionale della Corea e 4.555 manufatti sono stati trasferiti sul monte Namsan. Nel 1993 è stato inaugurato nella sua sede attuale all'interno di Gyeongbokgung. Il museo vanta oltre 98.000 manufatti che mostrano in modo vivido la storia della vita quotidiana dei coreani. È un luogo ideale per confrontare le vite dei re e delle persone comuni nella storia della Corea. Inoltre, ci sono molte attività divertenti per tutti!

국립민속박물관
Jongno-gu, Samcheong-ro 37 종로구 삼청로 37

Tutti i giorni 9.00 - 18.00
(l'ultimo ingresso è consentito un'ora prima della chiusura.) Chiuso il 1/1, Seollal, Chuseok

2 CHANGDEOKGUNG 창덕궁
"Palazzo della virtù prospera"

Cheangdeokgung si trova nella parte orientale di Seul ed è noto per i suoi splendidi giardini e paesaggi naturali. È stato il palazzo preferito di molti re della dinastia Joseon ed è patrimonio dell'umanità dell'UNESCO.

feb - mag: 9.00 - 18.00
giu - ago: 9.00 - 18.30
set - ott: 9.00 - 18.00
nov - gen: 9.00 - 17.30
(l'ultimo ingresso è consentito un'ora prima della chiusura.)

ROYAL PALACE PASS

VISITA GUIDATA GRATUITA
한국어 English 日本語 中文

NIGHT TOUR PROGRAM

*Chiuso il **lunedì** (se una festività nazionale cade di martedì, è chiuso il giorno successivo)
**Offre un programma di visite notturne stagionali. Consulta il sito web per conoscere gli orari più aggiornati.

Età 19~64 1.000 won / 800 won (gruppo, 10 o più)
- Gratuito: Fino ai 18 anni, dai 65 anni in su / Per chi indossa l'Hanbok
- Huwon 후원 (Giardino Segreto) ha un limite di 100 persone per sessione (50 online / 50 su prenotazione).
  - Si consiglia caldamente di effettuare la prenotazione online in anticipo.

MAPPA

COME ARRIVARE

Trova lo Spaventoso folletto coreano sul ponte di pietra!

Ogni palazzo reale coreano aveva un ruscello che lo attraversava e un ponte di pietra sul ruscello. I re coreani realizzarono delle statue di folletti, chiamate dokkaebi 도깨비, e le scolpirono nei ponti di pietra. La gente credeva che queste statue di folletti e altre creature spaventose avrebbero tenuto lontani gli spiriti malvagi e protetto il palazzo.

GEUMCHEONGYO 금천교

karendotcom127 flickr.com/photos/karendotcom127 (CC BY 2.0)

Scopri la trasformazione moderna della sala Injeongjeon!

La Sala Injeongjeon, che divenne una porta d'accesso alle culture straniere durante le relazioni diplomatiche della tarda dinastia Joseon, fu modernizzata con aggiunte occidentali come finestre, lampadine e tende. Questa transizione continuò quando il re Sunjong si trasferì al Palazzo Changdeokgung nel 1907, portando alla sostituzione del tradizionale pavimento in jeondol 전돌 (mattoni) con un pavimento moderno e all'introduzione delle lampadine elettriche.

SALA INJEONGJEON 인정전

Trove l'estintore tradizionale coreano!

Negli angoli delle sale sono presenti speciali vasi di bronzo chiamati deumeu 드므 o deumu 드무. Questi vengono riempiti d'acqua per fermare gli incendi e tenere lontani gli spiriti del fuoco cattivi. La gente pensava che questi spiriti si sarebbero visti nell'acqua e si sarebbero spaventati. In inverno, mettevano dei fuochi nelle vicinanze per evitare che l'acqua si congelasse. Questo dimostra come si combinino le credenze e il ragionamento scientifico!

NAKSEONJAE 낙선재

Costruito nel 1847, il Nakseonjae 낙선재 fu creato come luogo di ritiro e studio per il re Heonjong. Rinomata come l'ultima residenza della famiglia reale, i suoi interni vantano una porta circolare che ricorda una luna piena, mostrando la sensibilità artistica della dinastia Joseon.

Dadreot. via wikimedia commons CC BY-SA 3.0

느꽃지기 blog.naver.com/kwwoolim (CC BY 2.0 KR)

Sul retro della residenza è presente un grazioso giardino, accanto a un padiglione modesto e curato chiamato Sangryangjeong. 량정. Sul recinto occidentale si trova anche un ingresso circolare fatto di mattoni. È l'ultimo cancello del palazzo rimasto con questa caratteristica forma rotonda. Al suo interno si trovano porte scorrevoli che si muovono da un lato all'altro.

Scopri il giardino segreto del palazzo

Costruito originariamente durante la dinastia Joseon, il Giardino Segreto (Huwon 후원) fungeva da rifugio privato per la famiglia reale, offrendo loro una fuga pacifica dalle esigenze della vita di corte. Oggi i visitatori possono partecipare a visite guidate per esplorare i suoi paesaggi sereni, i sentieri serpeggianti, i bellissimi laghetti e i padiglioni tradizionali.

L'ingresso è separato dal palazzo principale e serve un biglietto separato per la visita. A causa della sua natura delicata, il numero di visitatori giornalieri è limitato e l'ingresso è consentito attraverso tour a tempo. Consulta il sito web per maggiori informazioni.

Trova il bar all'aperto tipico per bevute divertenti!

Nella zona di Huwon ("Giardino posteriore"), si trova un ruscello chiamato Ongnyucheon 옥류천 ("Ruscello di Giada"). Presenta un canale d'acqua a forma di U realizzato nel 1636 per far galleggiare le coppe di vino. C'è anche una piccola cascata e una poesia scritta su una grande roccia sopra di essa. Inoltre, in quest'area si trovano cinque piccoli padiglioni.

CHANGGYEONGGUNG 창경궁
"Palazzo della magnifica gioia"

Changgyeonggung si trova nella parte orientale di Seul, accanto a Changdeokgung. Originariamente fu costruito come palazzo estivo, ma in seguito fu convertito in un giardino botanico.
*Puoi partire dal Palazzo Changdeokgung e passare per il Giardino Posteriore 후원 (Huwon).

Tutti i giorni 9.00 - 21.00
(l'ultimo ingresso è consentito un'ora prima della chiusura.)

*Chiuso il **lunedì** (se una festività nazionale cade di martedì, è chiuso il giorno successivo)
*Offre un programma di visite notturne stagionali. Consulta il sito web per conoscere gli orari più aggiornati.

Età 19~64 1.000 won / 800 won (gruppo, 10 o più)
Gratuito: Fino ai 18 anni, dai 65 anni in su / Per chi indossa l'Hanbok

ROYAL PALACE PASS

VISITA GUIDATA GRATUITA
한국어 English 日本語 中文

NIGHT TOUR PROGRAM

COME ARRIVARE

Le "pietre del rango", note come pumgyeseok 품계석, sono disposte ordinatamente su due file e offrono una panoramica sul mondo dei funzionari di corte e sui loro ruoli durante le cerimonie. Scegli il tuo grado preferito e mettiti in posa accanto ad esso per scattare una foto!

Wei-Te Wong flickr.com/photos/wongwt (CC BY-SA 2.0)

Il Trono della Fenice, o eojwa 어좌, simboleggia l'autorità suprema del re e ha un significato profondo. La fenice ha un legame antico con la regalità coreana, evidente in vari aspetti come i murales delle tombe del Regno di Goguryeo 고구려.

L'Irworobongdo 일월오봉도, noto anche come "Pittura del sole, della luna e dei cinque picchi", è un tradizionale paravento coreano esposto dietro il trono reale nella dinastia Joseon. Raffigura un paesaggio stilizzato con il sole, la luna e cinque picchi, che simboleggiano il re, la regina e una terra mitica. Questo paravento mostrava in tutto il suo splendore la maestosità della corte reale Joseon.

Scopri la sacra camera della [lacenta reale!

Taesil 태실, che significa "camera della placenta", è una struttura costruita per custodire il cordone ombelicale e la placenta del re Seongjong 선종, che regnò dal 1469 al 1494. Questa pratica era radicata nella tradizione e nelle credenze della dinastia, che riteneva che conservare la placenta degli eredi reali in luoghi propizi in tutto il paese fosse legato al destino della famiglia regnante.

Per sapere da che parte soffia il vento, usa questo strumento in pietra!

Wei-Te Wong flickr.com/photos/wongwt (CC BY-SA 2.0)

Il Punggidae 풍기대 è un dispositivo di misurazione in pietra utilizzato per determinare la velocità e la direzione del vento. Viene inserita un'asta in un foro nella parte superiore della pietra, con un pezzo di stoffa attaccato all'estremità dell'asta per indicare il movimento del vento.

Trova la meridiana e prova a leggere l'ora!

Angbuilgu 앙부일구 è una meridiana a forma di calderone rovesciato, realizzata durante il regno del re Sejong nel 1434 ed è famosa per la sua capacità di visualizzare l'ora solare locale e i ventiquattro termini solari.

Questa è una replica, poiché il manufatto vero e proprio è conservato nel Museo del Palazzo Nazionale situato all'interno di Gyeongbokgung.

Scopri le diverse piante nella prima serra in stile occidentale della Corea!

Fondata nel 1909, Daeonsil 대온실 ("Grande Serra") è la prima serra in stile occidentale della Corea, costruita accanto a un palazzo-zoo dal governo coloniale giapponese. Progettata da un architetto giapponese e costruita da un'azienda francese, la struttura è composta da acciaio e legno, con un esterno in vetro. Inizialmente ospitava piante esotiche, per poi passare a piante autoctone coreane successivamente al restauro del palazzo nel 1986.

4 DEOKSUGUNG 덕수궁
"Palazzo della virtuosa longevità"

Deoksugung si trova nel cuore di Seul, vicino al Municipio. Fu la residenza della famiglia reale durante la fine della dinastia Joseon e presenta un mix di architettura tradizionale e moderna (occidentale).

Tutti i giorni 9.00 - 21.00
(l'ultimo ingresso è consentito un'ora prima della chiusura.)

ROYAL PALACE PASS

VISITA GUIDATA GRATUITA
한국어 English 日本語 中文

NIGHT TOUR PROGRAM

*Chiuso il **lunedì** (se una festività nazionale cade di martedì, è chiuso il giorno successivo)
*Offre un programma di visite notturne stagionali. Consulta il sito web per conoscere gli orari più aggiornati.

Età 19~64 1.000 won / 800 won (gruppo, 10 o più)
- Gratuito: Fino ai 18 anni, dai 65 anni in su / Per chi indossa l'Hanbok

COME ARRIVARE

Guarda l'autentica cerimonia del cambio della guardia reale!

Questo è il Daehanmun 대한문, che è anche la biglietteria del palazzo.

Nella dinastia Joseon, la Guardia Reale era una sorta di difesa nazionale e aiutava il re a mantenere il controllo e l'ordine. La prima guardia reale fu istituita nel 1469, quando il re Yejong divenne sovrano. Successivamente, le regole per la gestione delle guardie sono state aggiunte al Codice Nazionale durante il regno di re Seongjong. Nel 1906 iniziò la cerimonia di cambio della guardia reale davanti alla Porta Daehanmun, che divenne l'ingresso principale del Palazzo.

*La cerimonia si tiene tutti i giorni alle 11.00 e alle 14.00 (tranne il lunedì).

Guarda l'incredibile opera d'arte sul tamburo del drago!

Lo yonggo 용고, chiamato anche "tamburo del drago", è un tamburo a botte utilizzato nella musica militare chiamata daechwita 대취타. Presenta teste decorate con disegni di draghi dipinti e viene percosso con due bacchette imbottite.

Oltre la Porta si trova Geumcheongyo 금천교 (ha lo stesso nome di quello di Changdeokgung), costruito nel 1411 e successivamente scavato e restaurato nel 1986. È il ponte più antico sopravvissuto a Seul. Entrando nel cancello, si attraversa un ruscello che rappresenta una vasca sacra presente in ogni palazzo reale. Questo gesto significa purificarsi prima di entrare.

Trova la fenice e il drago che svettano sulle tegole del tetto!

Il motivo delle piastrelle di Yuhyeonmun 유현문, che conduce a Hamnyeongjeon 함녕전, la camera da letto del re, mostra i vivaci disegni della fenice e del drago. Questi motivi simboleggiano l'autorità del re.

Trova i simboli mistici sull'architettura in stile occidentale!

Situato sulla collina del giardino posteriore, con vista sul palazzo, Jeonggwanheon 정관헌 è un edificio costruito intorno al 1900 per il relax e l'intrattenimento. Presenta elementi architettonici sia coreani che occidentali ed è stato progettato da un architetto russo. Le colonne superiori dell'edificio sono ornate da intagli con motivi tradizionali coreani, come draghi blu e oro, pipistrelli e vasi di fiori.

Seokjojeon 석조전 è un edificio storico costruito nel 1900 come sala principale e residenza del re Gojong. Progettato da un architetto britannico, fonde stili architettonici occidentali e coreani; è stato testimone di eventi importanti ed è stato restaurato negli anni '90. Dal prato di fronte alla fontana d'acqua, è possibile scattare una foto che unisce magnificamente il passato e il presente della Corea, fondendo le influenze occidentali con le tradizioni coreane!

Il Seokseokjeon comprende il Donggwan 동관 (edificio orientale) e il Seogwan 서관 (edificio occidentale). L'edificio principale, il Donggwan, ospita attualmente il Museo di Storia dell'Impero Daehan (coreano), che espone manufatti legati alla famiglia reale, mentre il Seogwan, aggiunto in un secondo momento, ospita il Museo Nazionale di Arte Moderna e Contemporanea.

Museo di Storia dell'Impero Daehan (Donggwan)

mar - dom : 9.30 - 16.30 **Chiuso lunedì**

Puoi esplorare liberamente il piano terra senza prenotazione. Per il 1° e il 2° piano la prenotazione è obbligatoria.

deoksugung.go.kr

Museo Nazionale di Arte Moderna e Contemporanea

mar, gio, ven, dom : 10.00 - 18.00 / mer, sab : 10.00 - 21.00 / **Chiuso lunedì**

mmca.go.kr

Puoi visitare il piano terra.

A Seul è presente un luogo particolare che potresti voler evitare di esplorare con la tua dolce metà: il Deoksugung Doldamgil 덕수궁 돌담길, conosciuto anche come "sentiero del muro di pietra". Questo sentiero che costeggia il muro di pietra che circonda l'area di Deoksugung sembra delizioso a prima vista.

Tuttavia, esiste una leggenda metropolitana che dice che se le coppie percorrono questo sentiero poi si lasciano. Anche se le origini esatte di questa credenza non sono chiare, vale la pena di notare che il sentiero porta al Tribunale della Famiglia di Seul, dove molte coppie che vogliono separarsi devono passare. Hai il coraggio di sfidare la fortuna?

Nelle immediate vicinanze del Palazzo Deoksugung si trova un negozio Starbucks unico nel suo genere, che si trova solo in Corea. Il negozio Hwangudan 환구단 è progettato squisitamente con la tradizionale architettura coreana Hanok, che funge da ispirazione per l'arredamento e gli articoli.

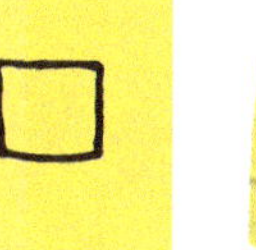

Starbucks Hwangudan
스타벅스 환구단점
Jung-gu Sogong-ro 112
중구 소공로 112

Situato nel Westin Josun Hotel!

5

GYEONGHUIGUNG 경희궁
"Palazzo della gioia e dell'armonia"

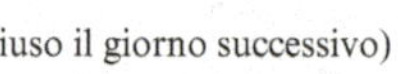

La costruzione del Palazzo si concluse nel 1620. In seguito all'invasione giapponese del 1592, divenne un palazzo indipendente, noto come Palazzo Ovest, separato dalla residenza reale, Changdeokgung. Nel suo periodo di massimo splendore, Gyeonghuigung ospitava oltre 100 sale; tuttavia, gli incendi ne distrussero la maggior parte e le rimanenti furono smantellate per ampliare Gyeongbokgung. Dopo la liberazione del 1945, la scuola superiore di Seul fu stabilita qui fino al 1978. Nel 1985 vennero intrapresi dei lavori di restauro, tra cui la Sala Sungjeongjeon.

Tutti i giorni 9.00 - 18.00
(l'ultimo ingresso è consentito un'ora prima della chiusura.)

COME ARRIVARE

*Chiuso il **Lunedì** (se una festività nazionale cade di martedì, è chiuso il giorno successivo)

Ingresso gratuito

All'interno del Sungjeongjeon 숭정전 si trova un'affascinante mini-esposizione che rievoca in modo vivido la vita all'interno del palazzo. Vivi l'esperienza di sedere sul Trono della Fenice e rivivi lo splendore di questo spazio restaurato nei minimi dettagli, dando un'occhiata a come si stava in passato.

SUNGJEONGJEON 숭정전

Usa l'immagine per aiutarti a trovare e identificare tutti i 17 oggetti reali all'interno dell'edificio. Prova a indovinare a cosa serviva ogni oggetto in base al suo aspetto e al contesto!

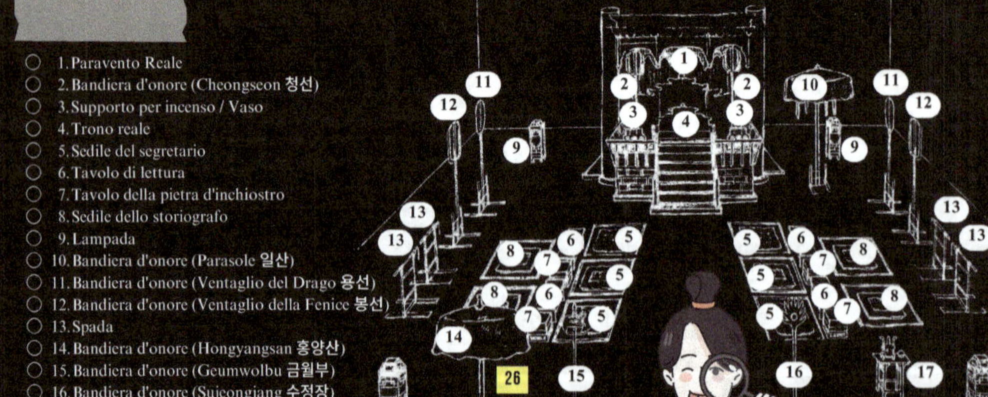

1. Paravento Reale
2. Bandiera d'onore (Cheongseon 청선)
3. Supporto per incenso / Vaso
4. Trono reale
5. Sedile del segretario
6. Tavolo di lettura
7. Tavolo della pietra d'inchiostro
8. Sedile dello storiografo
9. Lampada
10. Bandiera d'onore (Parasole 일산)
11. Bandiera d'onore (Ventaglio del Drago 용선)
12. Bandiera d'onore (Ventaglio della Fenice 봉선)
13. Spada
14. Bandiera d'onore (Hongyangsan 홍양산)
15. Bandiera d'onore (Geumwolbu 금월부)
16. Bandiera d'onore (Sujeongjang 수정장)
17. Bruciatore di incenso / Incenso

TAERYEONGJEON 태령전

Ecco il ritratto del re Yeongjo!

Inizialmente, Taeryeongjeon 태령전 non aveva alcuno scopo o funzione specifica. Tuttavia, nel 1744, durante il 20° anno di regno del re Yeongjo, venne effettuata una ristrutturazione e all'interno della struttura venne designato un posto speciale per il ritratto del re.

Scopri il motivo per cui il palazzo è stato costruito: la roccia del re!

Conosciuta in origine con il nome Wangam 왕암 (Roccia del Re), Seoam 서암 è il nome dato alla roccia situata dietro Taeryeongjeon. Il nome "Wangam" deriva dalla credenza popolare secondo cui Gwanghaegun, un re del passato, percepì un'energia regale emanata dalla roccia e scelse di stabilire Gyeonghuigung nelle sue vicinanze. Nel 1708, durante il 34° anno di regno di Re Sukjong, fu ufficialmente rinominata Seoam e lo stesso Re Sukjong scrisse personalmente il nome in caratteri cinesi, che furono poi incisi in modo grandioso su una pietra.

ALL'INTERNO DEL SITO DEL PALAZZO

Museo di storia di Seul

museum.seoul.go.kr

Jjw, (CC BY-SA 3.0), via Wikimedia Commons

Parti per un viaggio nel tempo per scoprire il passato e il presente di Seul!

Il museo offre un viaggio completo nella storia e nella cultura di Seul, che spazia dalla preistoria all'età moderna. Dall'illustre dinastia Joseon al periodo della dominazione coloniale giapponese, potrai immergerti nella straordinaria evoluzione di Seul, in particolare nei suoi notevoli progressi dopo la guerra di Corea.

서울역사박물관
Jongno-gu Saemunan-ro 55 종로구 새문안로 5

Tutti i giorni 9.00 - 18.00.
(l'ultimo ingresso 17.30)
Chiuso il lunedì and 1/1)

6 CHEONG WA DAE 청와대
L'ex residenza dei presidenti coreani

Conosciuto anche come "Casa Blu" per le sue particolari piastrelle blu, questo edificio è stato costruito nel 1946 ed ha svolto la funzione di ufficio e residenza del presidente sudcoreano fino al 2022. Oggi aperta al pubblico, la struttura si estende per circa 62 acri ed è stata costruita all'interno dello storico giardino reale della dinastia Joseon. La sua splendida posizione vicino al monte Bugaksan offre un'esperienza incredibile ai visitatori della Corea. Per conoscere i programmi disponibili e registrarsi, visita il sito web.

COME ARRIVARE

자부 blog.naver.com/zaat
(CC BY 2.0 KR)

mar - nov 9.00 - 18.00 (ultimo ingresso 17.30)
dic - feb 9.00 - 17.30 (ultimo ingresso 17.00)
(Su **prenotazione** e su **richiesta in loco**)

Ingresso gratuito

*Chiuso il martedì
(se una festività nazionale cade di martedì, è chiuso il giorno successivo)

opencheongwadae.kr/eng

The reservation page is presented only in Korean. You might have to use your browser's translation feature.

Dettagli sull'applicazione in loco:
- Ammissibilità: Cittadini anziani di 65 anni o più, persone con disabilità (accompagnatore incluso), coloro che hanno diritto ai benefici nazionali per i veterani e gli stranieri.
- Luoghi di applicazione: Centro informazioni del cancello principale, Chunchumun 춘추문 Centro informazioni del 37° cancello

Numero massimo di partecipanti
Prenotazione individuale: 6
Prenotazione di gruppo: 20-50
65 anni o più/Candidati disabili: 6

Puoi entrare e uscire da entrambi i punti e non ci sono limiti di tempo per la tua esperienza di visione.

Prendi un autobus autonomo per arrivarci!

Un mix di tradizione e avanguardia! Fai un giro sul nostro autobus autonomo. Questo innovativo autobus fa la spola con la Gyeongbokgung Stonewall Walk, coprendo un percorso di 2,6 km. Non è necessaria la prenotazione: sali e goditi il viaggio!

Bus #A01
Fermata dell'autobus : vicino all'ingresso principale del **Museo del Palazzo Nazionale della Corea (Gyeongbokgung)** / Vicino all'**uscita #5** della **stazione di Gyeongbokgung** della metropolitana Linea 3

Orario :
(lun–ven) 9.00 –17.00
(pausa 12.00 - 13.00);
(sab–dom) 9.30 –17.00
(pausa 12.00 - 13.00)

Tariffa :
Gratis (è richiesta la tessera di trasporto)

COME ARRIVARE

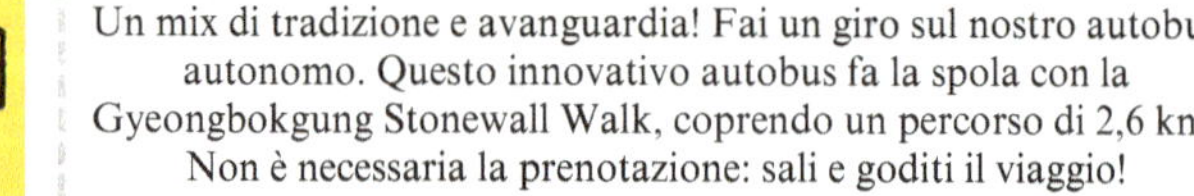

Sarangchae 사랑채 (situato proprio di fronte alla fermata dell'autobus di Cheongwadae) è un luogo dove i visitatori possono conoscere la storia di Cheong Wa Dae e le sue attività. All'interno troverai una sedia allestita come quella del presidente. Siediti e immagina di essere il presidente della Corea del Sud!

Non dimenticare di passare sotto l'affascinante cancello Bulomun 불로문 all'ingresso del Piccolo Giardino. La leggenda narra che passandoci sotto si ottiene l'eterna giovinezza. Quindi, esprimi il tuo desiderio di una vita piena di salute e longeva: il giardino ti invita ad abbracciare questa tradizione ricca di speranza.

자부 blog.naver.com/zaaboo (CC BY 2.0 KR)

Chunchugwan funge da centro stampa per Cheong Wa Dae, fornendo aggiornamenti ai media su politiche e questioni importanti. Perché non farci un salto e scattare una foto memorabile? Se lo stress non ti preoccupa, magari essere un portavoce del presidente potrebbe essere la tua vocazione!

쪼리 blog.naver.com/jj0ry (CC BY-SA 2.0 KR)

자부 blog.naver.com/zaaboo (CC BY 2.0 KR)

Circondato da una natura straordinaria, il Sentiero del Patrimonio offre una vista mozzafiato di Cheong Wa Dae e Seul dal Monte Bugaksan. Puoi iniziare prendendo il sentiero dietro la residenza presidenziale. La salita è di circa 510 metri e ti offre un'ampia vista su luoghi come Gyeongbok e la moderna Seul. Vedrai anche il tranquillo Padiglione Ounjeong e troverai un antico Buddha seduto in pietra. Questo percorso fonde storia, natura e vita moderna ed è un'avventura di 30 minuti che ricorderai per sempre. Una volta terminato, tornerai all'edificio principale degli uffici.

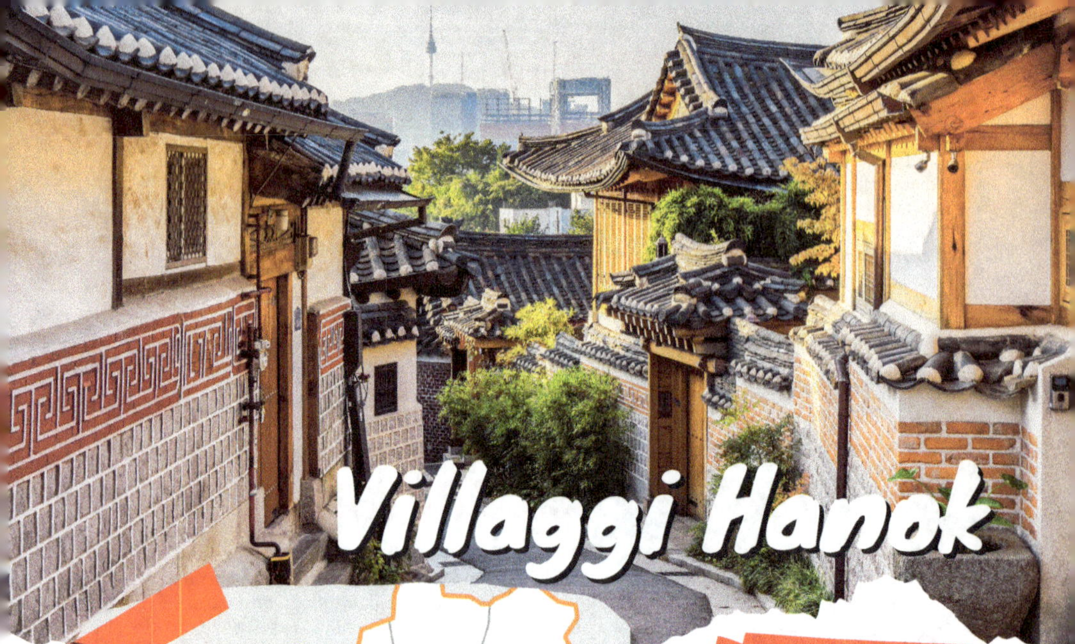

Villaggi Hanok

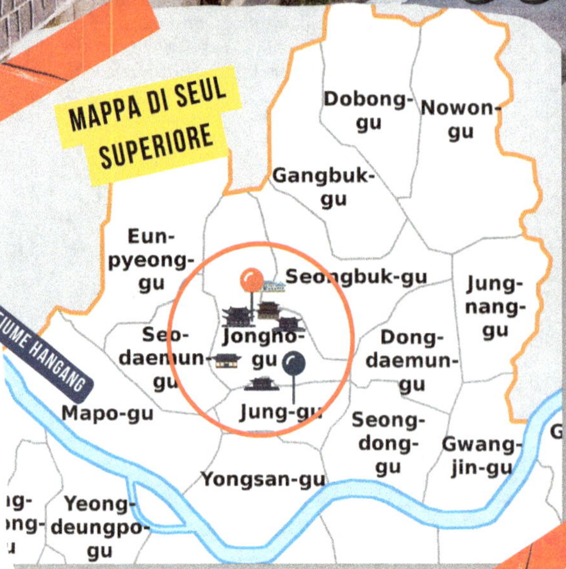

Scopri la bellezza unica dell'architettura tradizionale coreana passeggiando per le strade di questi quartieri storici. Tuffati nello stile di vita tradizionale coreano e approfondisci la conoscenza della ricca cultura e del patrimonio del paese. Questi villaggi sono una finestra sul passato della Corea con i loro incantevoli caffè, i negozi locali e gli splendidi dettagli architettonici.

COME ARRIVARE

Villaggio di Bukchon Hanok 북촌 한옥마을 ngno-gu, Gahoe-dong 31-48 종로구 가회동 31-48
17 minuti a piedi (865 m) dalla stazione di **Anguk Uscita #2 Metropolitana Linea 3**

Situato tra Gyeongbokgung e Changdeokgung, nel cuore di Seul, si contraddistingue per essere un luogo ampio e vasto. Vanta circa 900 case tradizionali Hanok ben conservate che sono ancora occupate dai residenti locali. Pur essendo principalmente un'area residenziale, alcune case sono state trasformate in centri culturali, pensioni e negozi, offrendo ai visitatori la possibilità di conoscere la vita quotidiana dei residenti. Inoltre, il villaggio è incastonato tra due palazzi che offrono una vista mozzafiato dell'architettura tradizionale accostata allo skyline moderno di Seul.

Il villaggio di Bukchon Hanok è una destinazione molto popolare tra i turisti stranieri e spesso fa da sfondo a drama e film. Un'area particolare che spicca è il punto fotografico situato in cima alle case con il tetto di tegole. È davvero uno spettacolo da non perdere!

Jongno-gu, Gahoedong 31-65
종로구 가회동 31-65

Si trova a circa 15 minuti a piedi dalla **stazione di Anguk.**

COME ARRIVARE

Samcheongdong Sujebi 삼청동 수제비
Jongno-gu, Samcheong-ro 101-1
종로구 삼청로 101-1

Tutti i giorni 11.00 - 21.00

Fondato nel 1982 e recentemente riconosciuto dalla Guida Michelin, questo ristorante tanto apprezzato è rinomato per i suoi delicati piatti. sujebi 수제비 (tagliatelle strappate a mano) in un saporito brodo di acciughe, offrono anche deliziose frittelle di patate.

 Visite al di fuori dell'ora di pranzo possono essere più rapide.

구링빠 blog.naver.com/donggoo1214 (CC BY-SA 2.0 KR)

Cha Teul 차마시는 뜰
Jongno-gu, Bukchon-ro 11na-gil 26 종로구 북촌로11나길 26

dom : 11.00 - 21.00
mar - ven : 12.00 - 21.00
Chiuso lunedì

COME ARRIVARE

Immersa in un ambiente pittoresco tra l'architettura e i giardini tradizionali coreani, questa casa del tè offre un incontro autentico con la cultura del tè tradizionale della Corea. Con offerte caratterizzate da tè di campanula, prugna, giuggiolo ed erba argentata, i visitatori possono assaporarli con i classici dolci coreani e torte di riso.

Questa casa, nota per essere comparsa nei lungometraggi "The Assassination" e "Reborn Rich", vanta un valore storico in quanto ex residenza di Baek In-je, la fondatrice del Baek Hospital. Essendo la seconda casa tradizionale più grande di Seul, offre ingresso gratuito e una postazione fotografica nell'annesso, invitando i visitatori a catturare la sua essenza attraverso le immagini.

COME ARRIVARE

Jongno-gu, Gahoe-dong 11-7
종로구 가회동 11-7
La Casa di Baek Inje 백인제 가옥
mar - dom : 9.00 - 18.00 Chiuso lunedì

이책어때 blog.naver.com/whyreadbooks (CC BY-ND 2.0 KR)

Impara a fare un nodo coreano tradizionale!

Scopri l'eleganza dei nodi ornamentali coreani tradizionali, come nappe, cinture e ventagli ornamentali, presentati armoniosamente con modelli contemporanei in questo laboratorio. Osserva la fusione di tradizione e innovazione e unisciti alla loro lezione pratica per creare un cordoncino per cellulare, un braccialetto e una collana utilizzando l'antica tecnica dei nodi coreani. Questo laboratorio dedicato unisce storia e creatività e offre un'educazione all'arte e all'artigianato per tutti i livelli di manualità.

Laboratorio di Nodi Donglim 동림 매듭공방
Jongno-gu, Gahoe-dong 11-7
종로구 가회동 11-7

mar - dom 10.00 – 18.00   shimyoungmi.com

COME ARRIVARE

Partecipa ai diversi programmi di artigianato di Bukchon!

Questo spazio offre un centro di esperienza, un centro educativo e una sala espositiva, fornendo ampie opportunità di imparare e confrontarsi con l'artigianato tradizionale coreano. Nonostante le sue dimensioni contenute, offre una vasta gamma di programmi di artigianato che variano a seconda del giorno della settimana e sono condotti in piccoli gruppi di circa 10 persone. Tutti possono partecipare alle attività di artigianato tradizionale senza bisogno di prenotare!

COME ARRIVARE

Centro di Esperienza dell'Artigianato Tradizionale di Bukchon 북촌전통공예체험관
Jongno-gu, Gahoe-dong 11-7
종로구 가회동 11-7

mar - ott : Tutti i giorni 10.00 – 18.00
nov - gen 10.00 - 17.00 (Except Seollal & Chuseok)   Tel: 02-741-2148

Benedici una coppia di sposi!

Il villaggio di Bukchon Hanok non è solo una rinomata destinazione turistica, ma anche un luogo molto ricercato per i matrimoni. Se sei fortunato, potresti imbatterti in una coppia che si sta scambiando i voti! Che ne dici di condividere una parola di benedizione per il loro giorno speciale?

Conosci l'arte popolare coreana e scopri il tuo talento artistico!

Con un'attenzione particolare ai dipinti popolari, la vasta e affascinante collezione del museo comprende 2.000 cimeli dell'illustre dinastia Joseon. I visitatori sono invitati a partecipare a diverse esperienze di pittura popolare, dal disegno di talismani alla colorazione di dipinti popolari, fino alla creazione di ventagli personalizzati con motivi complessi della pittura popolare.

Museo Gahoe 가회박물관
Jongno-gu, Bukchon-ro 52
종로구 북촌로 52

mar - dom : 10.00 - 18.00
gahoemuseum.org

COME ARRIVARE

Villaggio Namsangol Hanok 남산골 한옥 마을 Jung-gu, Toegye-ro 34-gil 28 중구 퇴계로34길 28
6 minuti a piedi (306 m) dalla stazione di **Chungmuro Uscita #4 Metropolitana Linea 3 o 4**

hanokmaeul.or.kr   mar - dom : 9.00 - 20.00 Chiuso lunedì

COME ARRIVARE

Il villaggio Hanok di Namsangol si trova alla base della montagna Namsan, vicino a Myeongdong. Si tratta di un piccolo villaggio con cinque case Hanok tradizionali, creato appositamente come destinazione turistica, che offre l'opportunità di esplorare e riconnettersi con la vita dei propri antenati. Uno dei suoi vantaggi principali è che consente ai visitatori di sperimentare gli interni e di acquisire una maggiore comprensione dell'architettura e dei costumi tradizionali coreani. Puoi partecipare a programmi culturali, assistere a spettacoli ed esplorare mostre.

Trova una casa decorata con le lanterne tradizionali coreane!

Cattura una foto di una casa adornata con la cheongsachorong 청사초롱, una lanterna tradizionale coreana. Queste lanterne generalmente sono realizzate combinando sfumature di seta rossa e blu e inserendo una candela all'interno. Sebbene vengano tradizionalmente utilizzate nelle cerimonie nuziali, oggi si possono trovare esposte in varie mostre culturali in tutta la Corea.

Scopri la scienza alla base del sistema di riscaldamento tradizionale, Ondol!

Trova una casa con un santuario per gli antenati!

Nelle case tradizionali coreane era consuetudine creare dei santuari dedicati a rendere omaggio agli avi. Visita una casa con un santuario di questo tipo e scopri quali offerte vengono poste sul tavolo!

Entrando nella cucina di una casa Hanok, scoprirai come i coreani riscaldavano le loro case durante l'inverno. L'agungi 아궁이, una piattaforma di riscaldamento per il calderone, sfruttava il calore residuo per riscaldare i pavimenti delle stanze. Questo sistema di riscaldamento era noto come ondol 온돌, ed è un'esperienza che puoi provare al jjimjilbang 찜질방, una spa coreana.

Guarda una cerimonia nuziale coreana tradizionale!

Se è in corso un matrimonio, puoi osservare la cerimonia dall'esterno. Si tratta di un vero matrimonio e non di una rievocazione!

**mar — nov
(esclusi lug e ago)
sab e dom
11.00 / 13.00 / 15.00**

Showdown dello street food coreano

Gusta lo street food più amato della Corea!

Deliziati con i sapori autentici dei ristoranti coreani di strada e immergiti nell'atmosfera vibrante in cui i locali si riuniscono per assaporare i loro piatti preferiti. Vivi la vera essenza della ristorazione locale, proprio come un abitante del luogo!

Mercato di Gwangjang 광장시장
Jongno-gu, Changgyeonggung-ro 88
종로구 창경궁로 88

COME ARRIVARE

5 minuti a piedi (296 m) dalla stazione di
Jongno-5(o)-ga Uscita #8 Metropolitana Linea 1

Il mercato di Gwangjang è un vivace mercato tradizionale che gli stranieri devono visitare per vivere un'emozionante esperienza culturale. Al mercato puoi trovare tantissime cose da vedere e da assaggiare, tra cui deliziosi cibi di strada coreani, bellissimi tessuti e oggetti di artigianato.

Prova il trio "Kim Tteok Soon", il preferito dai locali!

"Kim Tteok Soon 김떡순" è un'abbreviazione scherzosa usata per chiamare l'amato trio di cibi di strada coreani: **Kim**bab 김밥, **Tteok**bokki 떡볶이 e **Soon**dae 순대. Questi piatti sono così apprezzati dai locali che hanno un nome come una persona!

Kimbap 김밥 : rotolo coreano composto da riso condito, vari ripieni come verdure, carne e sottaceti.

Tteokbokki 떡볶이 : Tortine di riso cotte nel gochujang (pasta di peperoni piccante e dolce), spesso servite con torte di pesce e verdure.

Soondae 순대 : salsiccia coreana a base di sangue di maiale, riso e vari condimenti.

COME ARRIVARE

Pojangmacha (포장마차), spesso abbreviato in "pocha", che significa "carro coperto". In origine era un semplice ristorante mobile all'aperto che operava su carretti con tenda. Un tempo era una scelta molto gettonata da i coreani che volevano un pasto veloce ed economico con una bottiglia di soju dopo il lavoro. Tuttavia, con il diffondersi di locali che si rivolgono a clienti più giovani, si è recentemente trasformato in un luogo affascinante per appuntamenti galanti. I Pojangmachas appaiono spesso anche nello sfondo dei K-drama.

Apri una bottiglia di Soju alla coreana!

Prima di aprire una bottiglia di soju, agitatela o fatela roteare velocemente per creare un piccolo tornado nella bottiglia.

Battere il fondo della bottiglia con il gomito.

Aprire il tappo a vite e colpire il collo della bottiglia per far schizzare fuori dalla bottiglia la parte superiore del soju.

In passato, le bottiglie di soju erano dotate di cavatappi che potevano rompersi e lasciare piccoli pezzetti all'interno della bottiglia se non venivano conservate correttamente. Per sbarazzarsi di questi pezzi, le persone agitavano e facevano roteare la bottiglia. Quindi battevano il fondo per far sì che i pezzi venissero a galla, agevolandone la rimozione. Anche se oggi le bottiglie di soju hanno un tappo a vite e il rituale non ha più uno scopo pratico, molti lo fanno ancora per il semplice divertimento di farlo.

Sfidati provando i piccoli polacchi essiccati!

Preparati un Cocktail Somaek!

Il Somaek 소맥 (soju + maekju 맥주 "birra") è la scelta numero uno tra i coreani che non hanno tempo ma vogliono godere dei benefici dell'alcol nel minor tempo possibile! Il rapporto 3:7 (soju:birra) è la formula più popolare. Provane uno (solo se hai più di 19 anni).

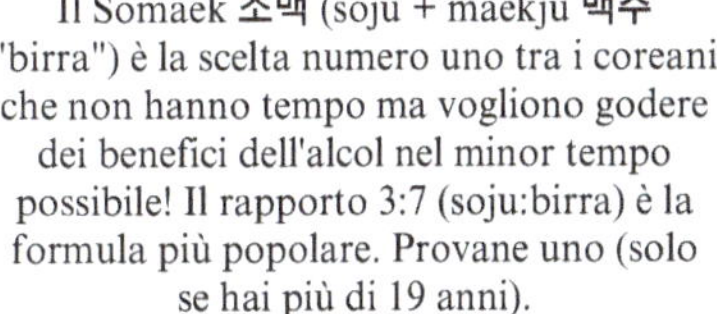

Nonostante il loro aspetto poco attraente, i pollack essiccati, conosciuti anche con il nome nogari 노가리, sono un accompagnamento popolare per le bevande e offrono numerosi benefici per la salute. (Suggerimento: si sposano alla grande con la birra).

Prova la grande scelta di specialità di strada di Myeongdong!

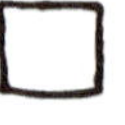

COME ARRIVARE

Myeongdong è un quartiere vivace di Seul (ed è qui che si vedono più stranieri che coreani). Offre un'ampia scelta di leccornie di street food che soddisfano le preferenze di tutti. Che ti piacciano i sapori locali o le influenze internazionali, troverai sempre qualcosa di delizioso da mangiare. Passeggiando, incontrerai odori invitanti e bancarelle di cibo, dando vita a un'esperienza gastronomica entusiasmante!

1

2

3

4

1. **Bungeoppang 붕어빵** ("pane di pesce") è caratterizzato da una pastella croccante e dolce simile a una cialda che viene tradizionalmente riempita con una pasta di fagioli rossi dolci. Non preoccuparti! Non contiene pesce vero e proprio.

2. **Hotteok 호떡** è un dolce simile a una frittella, ripieno di un impasto dolce composto da zucchero di canna, cannella e noci tritate. L'impasto viene appiattito e cotto su una piastra finché non diventa croccante all'esterno, mentre il ripieno di zucchero si scioglie e diventa appiccicoso all'interno.

3. **Hoeori Gamja 회오리 감자** ("patata tornado") si ottiene prendendo una patata intera e facendola girare a spirale su uno spiedino, in modo da ottenere una spirale lunga e continua che ricorda un tornado. La patata viene poi fritta fino a diventare croccante e dorata.

4. **Eomuk Kkochi 어묵꼬치** ("spiedini di torta di pesce") vengono preparati con un mix di pesce macinato, farina e vari condimenti. Vengono consumati in quantità durante le fredde giornate invernali in Corea.

Via Noryangjin Cupbap
노량진 컵밥 거리
Dongjak-gu, Noryangjin-ro 178
동작구 노량진로 178

5 minuti a piedi (314 m) dalla stazione di **Noryangjin Uscita #8**
Metropolitana Linea 1 o 9

COME ARRIVARE

Il Cupbap 컵밥 ("pasto in tazza") è diventato una scelta popolare tra gli studenti di Gosichon (villaggio di studenti che si preparano agli esami per il servizio civile) per via della sua convenienza. Tuttavia, non appena si è diffusa la notizia della sua convenienza, anche il pubblico generale ha iniziato a provarlo, dando vita a una tendenza e alla nascita di strade dedicate al Cupbap. Goditi un pasto delizioso e conveniente in tazza!

Dream High blog.naver.com/oliveras (CC BY-ND 2.0 KR)

Scopri la varietà di Meal Box disponibili nei negozi di alimentari!

Con il crescente numero di giovani che vivono da soli, le meal box dei negozi stanno guadagnando popolarità. Questi prodotti convenienti sono di ottima qualità, il che li rende un'ottima scelta da provare! Le diverse catene offrono prodotti diversi, quindi non provarne uno solo!

Shopping di souvenir

Porta a casa un pezzo di Corea

I vivaci negozi di souvenir e i mercati delle pulci di Seul offrono un'incredibile selezione di souvenir coreani unici e tradizionali. Dall'artigianato tradizionale alla bigiotteria moderna, questi negozi offrono qualcosa per tutti.

COME ARRIVARE

Insadong Ssamzi Gil 인사동 쌈지길
Jongno-gu Insadong-gil 44
종로구 인사동길 44

5 minuti a piedi (304 m) dalla stazione di
Anguk Uscita #6 Metropolitana Linea 3

È un centro commerciale molto popolare tra i turisti che cercano l'artigianato e l'arte coreana tradizionale con un tocco di modernità. Questo particolare edificio a spirale di 4 piani ospita più di 70 negozi e gallerie. I visitatori possono ammirare tantissimi articoli con design diversi ispirati agli elementi tradizionali coreani.
La particolare disposizione dell'edificio, con i piani collegati tra loro come un vicolo (da cui il nome "gil", che in coreano significa "strada"), crea un'atmosfera piacevole.

4 Moda, articoli vari, case da tè, ecc.

3 Negozi di moda, abbigliamento e accessori

2 Prodotti artistici di design, cibo, ecc.

1 Artigianato tradizionale, cibo, ecc.

B Studi artigianali, ristoranti, ecc.

B2 Il giardino della strega

JH blog.naver.com/rei_sunshine (CC BY-ND 2.0 KR)

La lettera "ㅆ" è una consonante dell'alfabeto coreano ed è il primo suono della parola "Ssamzi"! Per questo motivo, è il logo dell'edificio. Visitando l'edificio, troverai questa lettera posizionata a caso in diversi punti. Quante ne riesci a trovare?

Trova gli iconici pali totem coreani!

민트호수 blog.naver.com/snropro (CC BY 2.0 KR)

Passeggiando per i negozi, potrai incrociare i Jangseung 장승, ovvero i totem coreani. Tradizionalmente, queste strutture in legno venivano posizionate alla periferia dei villaggi per delimitare i confini del paese e allontanare gli spiriti maligni. Cerca i Jangseung che fanno la guardia nei negozi, insieme alle loro versioni in miniatura che sono state trasformate in articoli da regalo!

Godetevi l'arte e bruciate un po' di calorie!

Prendendo le scale a sinistra dell'ingresso principale, le pareti sono adornate da un'affascinante "Galleria delle scale". Numerosi dipinti abbelliscono lo spazio, invitandoti a soffermarti e a immergerti nelle creazioni degli artisti, il tutto completamente gratis!

Via Insadong 인사동 거리

Le strade che circondano l'edificio Ssamzi-gil sono piene di negozi di antiquariato e souvenir e di case da tè.

Scopri la bellezza dei sorrisi incisi nelle maschere tradizionali!

Tal Bang 탈방
Jongno-gu, Insadong-gil 48
종로구 인사동길 48

Tutti i giorni 11.00 - 19.00
Chiuso dom
gahoemuseum.org

Questa boutique unica è specializzata in maschere tradizionali coreane e offre un'ampia gamma di prodotti bellissimi, tra cui grandi maschere per le pareti e simpatici distintivi per le maschere che arricchiscono i tuoi abiti. Esplora e scopri la bellezza e la maestria di queste autentiche maschere coreane.

Fai la sfida dell'iconica Dalgona!

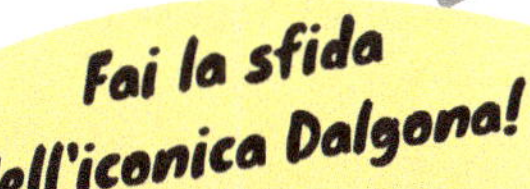

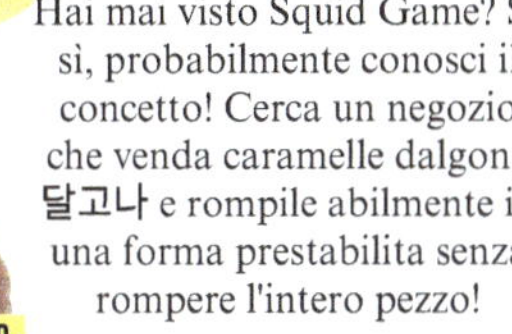

Hai mai visto Squid Game? Se sì, probabilmente conosci il concetto! Cerca un negozio che venda caramelle dalgona 달고나 e rompile abilmente in una forma prestabilita senza rompere l'intero pezzo!

탈만든이 blog.naver.com/sandaemas (CC BY 2.0 KR)

Si tratta di un negozio di francobolli unico nel suo genere, dove i clienti possono creare i loro francobolli unici per una persona speciale, che possono essere personalizzati con diversi disegni e frasi. Offre anche prodotti di calligrafia in vendita.

Saegim Sori 새김소리
Jongno-gu, Insadong-gil
55-1 종로구 인사동길 55-1

lun - sab 10.00 - 18.00
Chiuso dom

COME ARRIVARE

딸기맘양갱이
blog.naver.com/parkyang10
(CC BY 2.0 KR)

추지 blog.naver.com/chu4246 (CC BY-SA 2.0 KR)

Guem Ok Dang 금옥당
Jongno-gu, Insadong-gil 49
종로구 인사동길 49

lun- dom 10.30 - 20.30

COME ARRIVARE

Questo è un negozio di specialità di yanggaeng 양갱 (gelatina dolce di fagioli rossi), un dessert/snack molto amato dai coreani. Si prepara preparando la pasta di fagioli rossi direttamente in un calderone con fagioli rossi freschi nazionali. È molto apprezzata anche come set regalo grazie alla sua bellissima confezione.

COME ARRIVARE

Mercato delle pulci di Hwanghakdong 황학동 벼룩시장 Jung-gu Majang-ro 5-gil 11-7 중구 마장로5길 11-7
6 minuti a piedi, (392 m) dalla stazione di **Sindang Uscita #11 Metropolitana Linea # 2 o 6**

Tutti i giorni 10.00 - 18.00

Il mercato è sorto all'inizio degli anni '70 quando i venditori ambulanti iniziarono a vendere oggetti usati e di antiquariato nella zona. Nel corso del tempo, il mercato è cresciuto ed è diventato un punto di riferimento per i collezionisti di antiquariato e i cacciatori di occasioni. Ha guadagnato popolarità per la sua vasta gamma di prodotti, tra cui mobili antichi, ceramiche, opere d'arte tradizionali coreane, abiti vintage e altri oggetti unici, tanto da meritarsi il soprannome di "mercato di tutte le cose". I collezionisti di antichità lo amano soprattutto perché possono trovare oggetti di valore a prezzi più bassi se sono fortunati.

I negozi di antiquariato offrono la possibilità di scoprire il passato e di conoscere lo stile di vita di diversi paesi. Cerca un oggetto che rappresenti un aspetto passato della società coreana, un qualcosa che non è più rilevante nella cultura coreana moderna di oggi. Chi lo sa, magari scoprirai una gemma nascosta durante la ricerca!

Ci sono molti posti dove puoi trovare vestiti di alta qualità a prezzi incredibilmente bassi! Alcuni posti offrono addirittura abiti venduti a peso, dove si paga in base al peso degli articoli scelti. Il rapporto prezzo/qualità che puoi ottenere in questi posti è davvero imbattibile.

GANGNAM STYLE
SCOPRI IL QUARTIERE PIÙ TRENDY DELLA COREA!

Immergiti nella vivace cultura di Gangnam, la zona più trendy e alla moda di Seul, attraverso attività ed esperienze divertenti. Prova le ultime tendenze di K-beauty e degusta la deliziosa cucina locale; potrai vedere e fare di tutto.

Gangnam 강남, che significa "regione a sud di Hangang", è spesso associata all'area benestante di Seul composta da tre distretti, Gangnam-gu 강남구, Seocho-gu 서초구 e Songpa-gu 송파구 ed è nota per le case costose e la concentrazione di persone abbienti. Gangnam è rinomata per le sue boutique di lusso, i grandi magazzini di fascia alta e le sue ampie infrastrutture. Possedere un appartamento a Gangnam è considerato un simbolo di successo, anche se le persone che vi abitano sono talvolta ritratte come materialiste nella cultura pop coreana.

1 COEX 코엑스

Gangnam-gu Yeongdong-daero 513 강남구 영동대로 513
Collegata direttamente dalla stazione di **Bongeunsa Uscita #7**
Metropolitana Linea 9

COEX Convention 10.00 – 18.00
Starfield COEX Mall 10:.30 – 22.00

COME ARRIVARE

Il COEX, acronimo di "Convention and Exhibition", è un enorme complesso che comprende un centro congressi ed esposizioni, un grande centro commerciale sotterraneo chiamato Starfield COEX Mall, tre hotel di lusso, un cinema e un acquario. È il più grande centro commerciale sotterraneo dell'Asia e offre tutto il necessario per l'intrattenimento e lo shopping.

Quando la canzone "Gangnam Style" ha spopolato nel 2012, tutti hanno cantato e ballato con l'orecchiabile frase "Oppa Gangnam Style!" mentre eseguivano il famoso balletto a cavallo. Per celebrare il successo globale del K-Pop, all'ingresso del centro commerciale Starfield è stata eretta una statua che raffigura l'iconica mossa di danza, con le due mani incrociate. Fai ballo del cavallo!

헛똑똑 blog.naver.com/ysc5258 (CC BY 2.0 KR)

La Starfield Library 별마당도서관, situata nel centro commerciale COEX, è un'affascinante e spaziosa biblioteca nota per la sua impressionante collezione di libri. È caratterizzata da un'imponente libreria alta 13 metri in un atrio di 2.800 metri quadrati, che offre un ambiente confortevole per leggere e studiare grazie all'illuminazione ambientale. La biblioteca vanta una collezione eterogenea di circa 70.000 libri, che coprono vari generi e lingue, oltre a riviste e libri elettronici. Offre tavoli di studio con prese di corrente dove usare computer portatili e ospita una serie di eventi culturali, tra cui conferenze di autori, letture di poesie e concerti letterari.

---

2 **VIA RODEO** 로데오거리

Gangnam-gu Apgujeong-ro 46-gil 30 강남구 압구정로 46길 30
6 minuti a piedi (453 m) dalla stazione di **Apgujeong Rodeo Uscita #5**
Metropolitana Linea Suin-Bundang

COME ARRIVARE

Precedentemente centro di moda e ribellione nei primi anni '90, questo luogo attirava i giovani che volevano sfidare i vecchi standard. Un tempo sinonimo di auto sfarzose e abbigliamento di classe, è diventato un simbolo di diverse sottoculture giovanili e tendenze attuali. Brand di alta gamma, centri di cura della pelle, chirurgia plastica e parrucchieri popolano l'area. Oltre alle delizie culinarie e alle possibilità di intrattenimento, sono disponibili numerosi ristoranti e caffè.

쵸묵쵸묵 어흥이 blog.naver.com/day265 (CC BY-SA 2.0 KR)

GRANDI MAGAZZINI GALLERIA
갤러리아백화점

Gangnam-gu Apgujeong-ro 343 강남구 압구정로 343

Collegata direttamente dalla stazione di **Apgujeong Rodeo Uscita #7 Metropolitana Linea Suin-Bundang**

COME ARRIVARE

copri la principale destinazione di Seul per lo shopping

uesto grande magazzino, rinomato di alto livello, è famoso per i suoi marchi esclusivi, l'abbigliamento la moda e le selezioni di designer particolari. Gli amanti dello shopping vivono un'esperienza sontuosa e coinvolgente. L'area istorazione presenta una serie di piatti deliziosi da assaporare. Quando cala la notte, il negozio orna le sue pareti esterne con luci vibranti, creando uno spettacolo visivo mozzafiato.

똘똘이양일상 blog.naver.com/woonga27 (CC BY-SA 2.0 KR)

GAROSU-GIL
가로수길

Gangnam-gu Apgujeong-ro 126 강남구 압구정로 126

12 minuti a piedi (553 m) **Apgujeong Uscita #5 Metropolitana Linea 3**

COME ARRIVARE

Visita il quartiere più rendy di Seul!

Il nome "viale alberato" deriva dai 160 alberi di ginkgo che si costeggiano la strada e la zona è diventata uno dei quartieri più trendy di Seul negli ultimi tempi. Un tempo era un centro di gallerie e negozi di design, ma la tendenza attuale è quella di concentrarsi su vari negozi di moda. Inoltre, troverai caffè e ristoranti incantevoli dove concederti ottime leccornie lungo la strada.

꿈꾸는여행 도도 blog.naver.com/travelerdodo (CC BY-SA 2.0 KR)

Trova gli alberi che indossano maglioni carini!

Se lo visiti in inverno, vedrai una cosa carina: gli alberi indossano maglioni diversi per tenersi al caldo! Trova il tuo modello preferito e scatta una foto!

나나망고 blog.naver.com/televisiky
(CC BY-SA 2.0 KR)

CENTRAL CITY
센트럴시티

Seocho-gu, Shinbanpo-ro 176 서울 서초구 신반포로 176
Collegata direttamente dalla stazione di **Express Bus Terminal**
Uscita #3 Metropolitana Linea 3 / 7 / 9

Stazione Famille (Ristoranti) 10.00 – 22.00
Terminal degli autobus espressi 5.00 – 1.00
Grandi magazzini Shinsegae 10.00 – 20.00
Megabox (Cinema) 7.00 – 3.00

COME ARRIVARE

Questo mega-complesso offre tantissimi servizi, tra cui l'hotel JW Marriott, un terminal degli autobus express, le linee 3, 7 e 9 della metropolitana, i grandi magazzini Shinsegae, il cinema Megabox, una libreria e la stazione Famille con i suoi numerosi ristoranti. Essendo uno dei luoghi più frequentati di Seul, offre numerose attività e attrazioni. Non dimenticare di esplorare i negozi sotterranei per fare ottimi affari e sconti.

Pectus Solentis via Wikimedia Commons (CC BY-SA 2.0)

COME ARRIVARE

Scopri il grande magazzino più frequentato della Corea!

Questo grande magazzino non è solo grande, con 11 piani e tantissimi negozi diversi, ma è stato anche il più grande magazzino a livello mondiale in termini di vendite nel 2021. Tuttavia, il vero punto di forza è il fantastico cibo che puoi trovare nell'area ristorazione e nel mercato sotterraneo, dove puoi anche acquistare prodotti alimentari locali. Situato vicino all'Express Bus Terminal, questo luogo è sempre affollato di persone e ti offre un vero assaggio dell'atmosfera vibrante e vivace di Seul.

Visita il bellissimo giardino sul tetto per goderti un'atmosfera rinfrescante!

Vai all'11° piano dei grandi magazzini Shinsegae e visita il "Giardino S", un giardino sul tetto dove puoi fare una pausa tranquilla circondato da fiori ed erba. È come una piccola oasi in mezzo alla città, perfetta per rinfrescare la tua mente stanca. Il giardino ospita anche mostre diverse ogni mese, quindi c'è sempre qualcosa di nuovo da scoprire durante la tua visita.

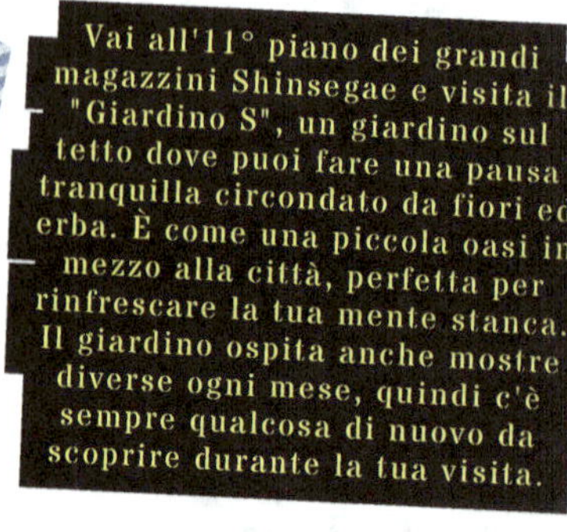

안수지 blog.naver.com/suziesuzie (CC BY-SA 2.0 KR)

GOTO MALL
고투몰

Cammina verso l'uscita 8-1 / 8-2 dalla stazione di **Express Bus Terminal** **Metropolitana Linea 3 / 7 / 9**

COME ARRIVARE

Tutti i giorni 10.00 – 22.00

Situato sotto il capolinea degli Express Bus Terminal, è un vasto centro commerciale sotterraneo che offre una vasta scelta di prodotti, tra cui abbigliamento, cosmetici, accessori, decorazioni per la casa, artigianato e fiori. Puoi fare acquisti con la pioggia o con il sole e il collegamento con la metropolitana fa sì che il centro commerciale sia un punto comodo per spostarsi ovunque. La cosa migliore è che puoi trovare fantastiche offerte a prezzi molto più bassi dei grandi magazzini!

탁가이버 blog.naver.com/tacgyber (CC BY-SA 2.0 KR)

6

KAKAO FRIENDS
카카오프렌즈

Seocho-gu Gangnam-daero 429 서초구 강남대로 429
2 minuti a piedi (120 m) **Gangnam Uscita #10 Metropolitana Linea 2**

COME ARRIVARE

Tutti i giorni 10.30– 22.00

Incontra i personaggi più amati della Corea - i Kakao Friends!

프리한자유
blog.naver.com/ijj0324 (CC BY-SA 2.0 KR)

KakaoTalk è un'app di chat molto diffusa in Corea, anche grazie ai suoi adorabili personaggi. Questo negozio offre la possibilità di interagire con questi simpatici personaggi e di acquistare souvenir. È una tappa obbligata per gli appassionati di KakaoTalk e vale la pena di visitare anche il bar sul tetto del negozio per la sua splendida vista.'

COME ARRIVARE

7

GANGNAM SAMSUNG
강남 삼성

Seocho-gu Gangnam-daero 411 서초구 강남대로 411
1 minuti a piedi (50 m) **Gangnam Uscita #10 Metropolitana Linea 2**

lun – sab 11.00– 21.00 / dom 11.00 - 19.00

Scopri le ultime novità tecnologiche nello Showroom Samsung!

Scopri l'emozione di questo flagship store lanciato di recente. Scopri la ricca storia di Samsung e conosci le innovazioni all'avanguardia su quattro coinvolgenti livelli. Partecipa a giochi interattivi, esplora diversi prodotti, cattura momenti nei "punti fotografici" e rilassati nell'accogliente lounge. Approfitta delle stazioni di ricarica gratuita, particolarmente utili per chi viaggia. Per un'esperienza ottimale, inizia dal 4° piano e procedi verso il basso.

푸뉘 blog.naver.com/musicits (CC BY-ND 2.0 KR)
)

TORRE LOTTE WORLD

Songpa-gu Ollimpik-ro 300 송파구 올림픽로 300
2 minuti a piedi (80 m) dalla stazione di **Jamsil Uscita #2**
Metropolitana Linea 2 & 8 (Collegato direttamente anche attraverso un percorso sotterraneo. Cercare il cartello **"Seoul Sky Observation Deck"**.

lun – sab 11.00 – 21.00 / dom 11.00 – 19.00

COME ARRIVARE

lwt.co.kr

È un grattacielo iconico e un simbolo di modernità e innovazione. Alto 555 metri (1.821 piedi), è uno degli edifici più alti del mondo. Questo capolavoro di architettura ospita un insieme di spazi commerciali, residenziali e di intrattenimento. Dal suo ponte di osservazione ai piani superiori, i visitatori possono godere di viste panoramiche mozzafiato della città. Offre un'accattivante mmix di lusso, shopping, ristorazione ed esperienze culturali, che lo rendono una meta imperdibile per gli abitanti del luogo e per i turisti.

Diventa la persona più alta della Corea sullo Sky Observatory Deck!

Lo Sky Observatory Deck della Lotte World Tower è un'attrazione irresistibile con numerose attrattive. Offre un'ampia vista sui monumenti di Seul e sull'Hangang. La SkyWalk, con il suo fondo in vetro, è un'esperienza emozionante che completa l'opera architettonica della torre. Grazie agli schermi multimediali, i visitatori possono cogliere la mix di tradizione e modernità di Seul. Di notte, il paesaggio urbano si trasforma in modo accattivante. La passerella offre la possibilità di vivere momenti indimenticabili e di immergersi nella vitalità di Seul.

seoulsky.lotteworld.com

Questo luogo incantevole è caratterizzato da due laghi artificiali, Seo-ho (lago occidentale) e Dong-ho (lago orientale). Seo-ho ospita l'incantevole "Isola Magica" di Lotte World, mentre Dong-ho offre pittoreschi sentieri escursionistici e percorsi di jogging lungo le sue sponde. Nel 2014 ha ospitato la famosa scultura "Rubber Duck" di Florentijn Hofman. Situato vicino al complesso Lotte, questo parco tranquillo offre una fuga serena. È apprezzato soprattutto per la fioritura dei ciliegi nei mesi di aprile e maggio.

Passeggia lungo il Lago Seokchon!

COME ARRIVARE

Silas Low Wikimedia Commons (CC BY-SA 4.0)

Costruito inizialmente per le Olimpiadi di Seul del 1988, questo grande parco di 408 acri simboleggia il progresso moderno della Corea. Si compone di arene sportive, boschi e prati aperti. Il parco è suddiviso in sezioni per sport ricreativi, attività culturali, zone ecologiche e incontri storici. Date le sue dimensioni, potrebbero essere necessarie più di tre ore per esplorarlo completamente, per cui è consigliabile consultare la mappa del parco anticipatamente!

Trova la bandiera della tua nazione nella piazza delle bandiere!

Il Parco Olimpico di Seul ospita la Piazza delle Bandiere, dove sono esposte le bandiere di tutti i 200 paesi che hanno partecipato ai Giochi Olimpici estivi di Seul del 1988. Trova la bandiera del tuo paese e scatta una foto!

Visita le opere degli artisti di fama mondiale!

La scultura del dito è un'opera in bronzo realizzata da Cesar Baldaccini, un rinomato scultore francese, per commemorare la candidatura di Seul alle Olimpiadi. Baldaccini realizzò questa scultura nel 1988. Questa è l'unica collezione al mondo di sette grandi sculture di pollici, che simboleggiano il potere dell'unità e del successo.

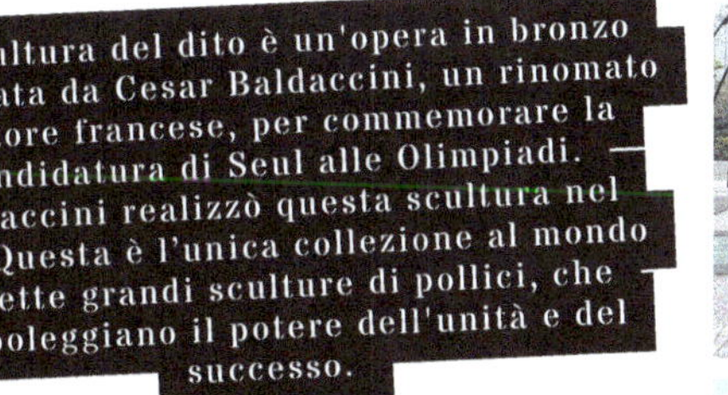

La scultura "Virtual Sphere" si trova a Rose Square ed è un'opera monumentale realizzata dal pittore e scultore venezuelano Soto per onorare la Corea, paese ospitante delle Olimpiadi del 1988. È un oggetto rotondo fatto di tubi di alluminio rossi e blu, con il motivo taegeuk 태극 presente nella bandiera coreana. La sua squisita bellezza che ricorda le onde può essere apprezzata da tutte le angolazioni.

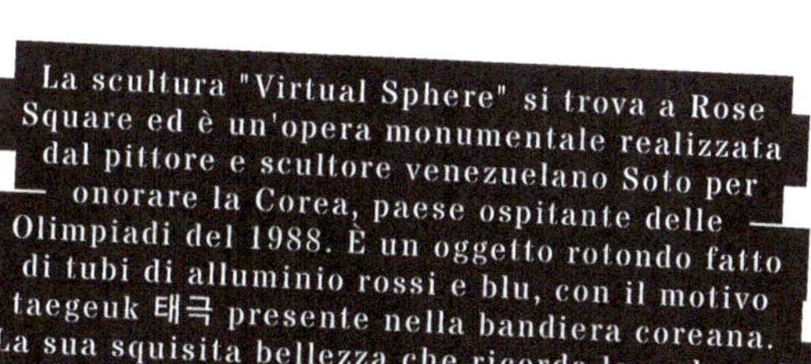

이형영 blog.naver.com/robot179 (CC BY-SA 2.0 KR)

K-POP ADVENTURE

Un viaggio nella scena musicale pop coreana!

Parti per un viaggio nella la scena musicale coreana, dove potrai scoprire da vicino l'industria che ha conquistato il mondo. Visita le aziende di intrattenimento K-Pop, segui le orme delle star K-Pop, scatta foto con le iconiche statue degli orsi K-Pop e impara anche qualche passo di danza per capire cosa significa essere un idol K-Pop!

Parti per un pellegrinaggio nei 4 giganti dell'intrattenimento K-Pop!

COME ARRIVARE

1 **YG Entertainment** Mapo-gu, Hapjeong-dong 397-6 마포구 합정동 397-6
10 minuti a piedi (510 m) dalla stazione di **Hapjeong Uscita #8 Metropolitana Linea 2 & 6**

Conosciuta per i suoi famosi artisti e gruppi come BIGBANG, BLACKPINK e Winner, YG ha presentato il suo edificio per uffici appena completato nel 2020. La spaziosa struttura vanta caratteristiche impressionanti, tra cui un auditorium a due piani, sette grandi sale prove per la danza, sette studi di registrazione e 30 studi musicali privati per compositori e artisti esclusivi. Anche se **l'ingresso al di là del cancello di sicurezza è limitato**, il design futuristico dell'edificio la dice lunga sulla creatività artistica coltivata tra le sue mura!

"

the SameE 더세임카페 Mapo-gu, Hapjeong-dong 398- 마포구 합정동 398-21

COME ARRIVARE

Tutti i giorni 10.00 - 21.00

또져미 blog.naver.com/dlthwjd1224 (CC BY-ND 2.0 KR)

Di fronte alla sede centrale di YG, costruita recentemente, troverai un vivace caffè chiamato "the SameE". Il primo e il secondo piano sono dedicati ad accoglienti caffè, mentre il piano interrato, B1, ospita negozi di merchandising con prodotti degli artisti YG. Inoltre, se la fortuna è dalla tua parte, potrai vedere gli artisti della YG in visita all'edificio della sede centrale!

② HYBE 하이브 Yongsan-gu, Hangang-daero 42 용산구 한강대로 42
10 minuti a piedi (530 m) dalla stazione di **Sinyongsan Uscita #2 Metropolitana Linea 4**

COME ARRIVARE

La nuova sede di HYBE è un polo accattivante per la produzione musicale e la creazione di contenuti, che funge da spazio centrale per i fan di artisti come BTS, TXT, NewJeans ed ENHYPEN. Mentre la loro precedente struttura ausiliaria "HYBE Insight", che offriva mostre e merchandising, è terminata, HYBE oggi ospita eventi pop-up in diversi luoghi, offrendo ai fan esperienze uniche legate ai loro artisti e alla loro musica. Rimani sintonizzato per gli annunci di HYBE per conoscere i prossimi eventi pop-up e le sedi. **L'ingresso oltre il cancello di sicurezza è limitato.**

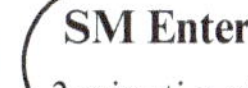

수정다운 blog.naver.com/s99275 (CC BY-ND 2.0 KR)

③ SM Entertainment Seongdong-gu, Wangshimni-ro 83-21 성동구 왕십리로 83-21
3 minuti a piedi (58 m) dalla stazione di **Seoul Forest Uscita #5 Metropolitana Linea Suinbundang**

COME ARRIVARE

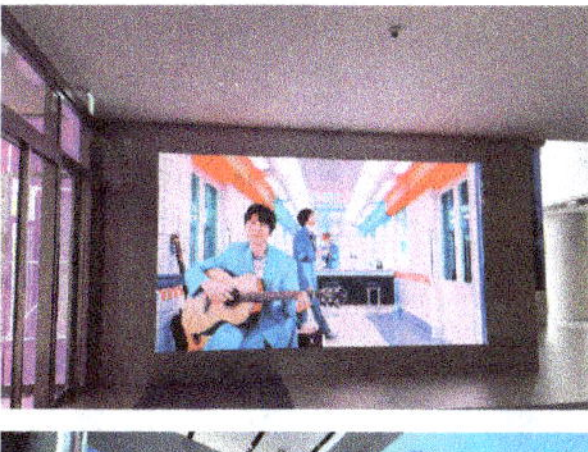

Il nuovo edificio della sede centrale di SM Entertainment è situato vicino al Seul Forest Park. Se la fortuna ti sorride, potresti avere la possibilità di incontrare le celebrità di SM come BoA, Super Junior, SHINee, Red Velvet, NCT e Aespa. Anche se non dovessi vedere nessuna celebrità, il quartiere è comunque un luogo delizioso dove passeggiare, scattare foto memorabili e magari conoscere altri appassionati di K-Pop che condividono la stessa passione. **L'ingresso oltre il cancello di sicurezza è limitato.**

KWANGYA Seoul 광야 서울 (B1 dell'edificio SM Entertainment)
Tutti i giorni 10.30 - 20.00

KWANGYA è una struttura unica nel suo genere, gestita da SM Entertainment, che offre non solo album e prodotti dei suoi artisti, ma anche un collegamento al metaverso. All'interno dello spazio espositivo, la scansione di un codice QR consente l'accesso a un programma di guide, migliorando l'esperienza del visitatore. Inoltre, una zona che utilizza LED trasparenti crea un ambiente tridimensionale accattivante, simulando una sala da concerto con una serie di immagini vivaci. Grazie al suo design accurato e alle sue caratteristiche coinvolgenti, è una meta imperdibile per i fan internazionali del K-Pop.

COME ARRIVARE

1 Million Dance Studio 원밀리언 댄스 스튜디오
Seongdong-gu, Seongsu-dong 2-ga 322-2 성동구 성수동2가 322-2

Il 1MILLION Dance Studio accoglie studenti di ogni provenienza ed età, indipendentemente dalla loro esperienza. La struttura ospita due studi completamente attrezzati e il personale parla inglese e coreano. Qui avrai l'opportunità di esplorare il tuo potenziale creativo e di padroneggiare alcuni dei passi iconici della danza K-Pop. Per prenotare una lezione, visita il loro sito web.

④ JYP Entertainment Gangdong-gu, Gangdong-daero 205 강동구 강동대로 205
15 minuti a piedi (1 km) dalla stazione di **Dunchon Oryun Uscita #1 Metropolitana Linea 9**

Nel 2018, JYP Entertainment si è trasferita dalla precedente sede di Cheongdam-dong a una nuova sede vicino al Parco Olimpico. La nuova sede offre svariati servizi, tra cui sale prove, studi di registrazione e una caffetteria bio, impressionando i fan del K-Pop e sottolineando l'impegno di JYP Entertainment nel fornire strutture di alta qualità per i suoi artisti e il suo staff.
L'ingresso oltre il cancello di sicurezza è limitato.

Segui le orme delle tue star K-Pop preferite!

⑤ K-Pop Square Media Gangnam-gu Yeongdong-daero 513 강남구 영동대로 513
Subito dopo l'uscita dalla stazione di **Samseong Uscita #6 Metropolitana Linea 2**

Goditi lo spettacolo impressionante di questa location dotata di un enorme schermo, grande quattro volte un campo da basket, che trasmette una serie di video accattivanti. Questo spazio straordinario riproduce non solo pubblicità dinamiche tridimensionali ma anche video musicali degli amati idoli K-Pop. È possibile scattare foto memorabili, mentre si attende con ansia l'apparizione dei propri artisti preferiti sullo schermo. È un ambiente coinvolgente che fonde perfettamente arte mediatica, intrattenimento e un'atmosfera invitante per tutti.

⑥ K-Star Road 케이스타로드
Gangnam-gu, Apgujeong-ro 507-gil ⟷ Gangnam-gu, Dosan-daero 101-gil 6
강남구 압구정로 507길 ⟷ 강남구 도산대로 101길 6
18 minuti a piedi (1.2 km) dalla stazione di **Apgujeong Rodeo Uscita #2 Metropolitana Linea Suinbundang**

똥빼미
blog.naver.com/dhraldls
(CC BY-ND 2.0 KR)

Gangnam, famosa per il brano "Gangnam Style" di Psy, è il luogo in cui è nata la cultura K-Pop. È una zona alla moda della Corea, sede di più della metà delle agenzie di intrattenimento del paese e luogo di nascita di molte star del K-Pop. Qui troverai K-Star Road, una strada creata per celebrare questa cultura. Qui si trovano 18 statue a forma di orso, chiamate Gangnam Dols, che rappresentano le star del K-Pop.

소셜원헤드헌터김윤팔
blog.naver.com/hnet23
(CC BY2.0 KR)

GANGNAMDOL	2PM	MISSA	BTS	GIRLS GENERATION	INFINITE
4MINUTE	FT ISLAND	CNBLUE	EXO	B1A4	KARA
SUPER JUNIOR	SHINee	TVXQ	AOA	VIXX	BLOCK B

7

Star Avenue Myeongdong 스타에비뉴 명동본점 Jung-gu, Eulji-ro 30, Lotte Department Store 1F
Tra la linea 2 della metropolitana Euljiro 1-ga Uscita #7, 8 e il Lotte Hotel
중구 을지로 30 롯데백화점 명동본점 1층 (롯데백화점 / 롯데호텔 사이)

Tutti i giorni 9.00 - 18.30

Ecco le star del K-Pop ricreate digitalmente!

COME ARRIVARE

In questo spazio rinnovato di recente, potrai incontrare le star del K-Pop ricreate digitalmente. Percorri lo Star Track, un tunnel mediatico su larga scala, la Star Mirror Zone, una zona di specchi per scattare selfie con le tue celebrità preferite, e la Hi-Five Zone, con stampe a mano delle star K-POP più famose!

Acquista il merchandising del tuo idol preferito in questo negozio specializzato!

COME ARRIVARE

MUSIC ART 뮤직아트
Jung-gu, Namdaemun-ro 67, B1 중구 남대문로 67 지하1층

Tutti i giorni 10.30 - 20.00

È la destinazione definitiva per gli articoli K-Pop, con mostre su piccola scala e diversii eventi come pop-up store e spettacoli dal vivo. Il negozio offre anche prodotti esclusivi come i libri fotografici del dietro le quinte dei video musicali. I fan del K-Pop che vogliono entrare in contatto con i loro artisti preferiti e scoprire prodotti unici legati alla loro musica non possono non visitare questo posto.

TRAGEDIE E TRIONFI

IMPARA LA STORIA DELLA COREA ATTRAVERSO I MUSEI

Scopri le incredibili conquiste del passato e impara la storia moderna della Corea e le lotte che la nazione ha dovuto affrontare. Ascolterai storie tragiche e storie di vittoria che ti ispireranno e legheranno allo spirito del popolo coreano. Parti per questo viaggio indimenticabile e celebra la brillantezza del passato e guarda al futuro.

Impara la Storia della Corea divisa per capire la tutta la storia!

1 **Cimitero Nazionale 국립 서울 현충원** Dongjak-gu Hyeonchung-ro 210 동작구 현충로 210
1 minuti a piedi (62 m) dalla stazionc di**Dongjak Uscita #8 Metropolitana Linea 4 & 9**

COME ARRIVARE

Questo sito custodisce i resti di oltre 54.000 patrioti martiri, tra cui soldati, agenti di polizia, cittadini distinti e figure importanti del governo provvisorio. Commemora anche i 104.000 soldati morti durante la Guerra di Corea, molti dei quali non sono ancora stati ritrovati. Complessivamente, sono stati scoperti circa 7.000 resti di soldati ignoti. Ogni anno, il 6 giugno, il Giorno della Memoria, il cimitero ospita servizi commemorativi ed eventi per onorare questi coraggiosi individui. Il cimitero, ben curato, offre uno scenario mozzafiato e funge sia da meta storica informativa che da luogo incantevole per una piacevole passeggiata, ricordando che la libertà ha un prezzo.

Passeggiando per il cimitero, troverai una sezione speciale dedicata ai militi ignoti, quelle anime coraggiose i cui corpi non sono mai stati ritrovati o non sono stati identificati. Fermati per un momento e rendi omaggio allo spirito incrollabile di questi patrioti che hanno sacrificato la loro vita per il loro paese.

② **Monumento ai Caduti 전쟁기념관** Yongsan-gu, Itaewon-ro 29 용산구 이태원로 29
4 minuti a piedi (262 m) dalla stazione di **Samgakji Uscita #12 Metropolitana Linea 4 & 6**
Tutti i giorni 9.30 - 18.00 Chiuso lunedì (se una festività nazionale cade di lunedi, è chiuso il giorno successivo).

COME ARRIVARE

Il War Memorial Museum è stato costruito nel 1994 dalla War Memorial Service Korea Society per onorare gli eroi che hanno sacrificato le loro vite nella guerra di Corea. Questo museo è molto vasto e ospita oltre 33.000 manufatti, di cui circa 10.000 esposti in cinque sale interne ed esterne. Le mostre del museo mostrano la parte più tragica e importante della storia coreana, ma sono anche sorprendenti e ben studiate. Rimarrai stupito da come la Corea si è trasformata in quel periodo. È un luogo assolutamente da visitare!

www.warmemo.or.kr

Entrando nel memoriale, noterai che non si limita a ricordare le guerre moderne in Corea. Tra gli oggetti esposti c'è un modello in scala meticolosamente realizzato della geobukseon 거북선, la leggendaria "nave tartaruga". Questa straordinaria imbarcazione, inventata dall'ammiraglio Yi Sun-sin durante la dinastia Joseon, ebbe un ruolo fondamentale nella sconfitta della marina giapponese durante la guerra di Imjin alla fine del XVI secolo. Prenditi un momento per esaminare da vicino questa nave innovativa e immagina come doveva essere combattere a bordo di un vascello così storico e formidabile!

3 **Museo Nazionale della Corea** 국립중앙박물관 Yongsan-gu, Seobinggo-ro 137 용산구 서빙고로 137
3 minuti a piedi (308 m) dalla stazione di **Ichon Uscita #2 Metropolitana Linea 4**
lun/giov/giov/ven/dom - 10.00 - 18.00 (ultimo ingresso 17.30) mar/sab - 10.00 - 21.00 (ultimo ingresso 20.30)

COME ARRIVARE

Il Museo Nazionale della Corea è un tesoro amato che racchiude l'essenza della storia e della cultura coreana. Vanta un'impressionante collezione di 420.000 oggetti provenienti da migliaia di anni di storia, da antiche asce a mano a colorate corone d'oro, ceramiche celadon, dipinti storici e fotografie moderne. Il museo offre anche video realistici ed esperienze di realtà virtuale per rendere la visita ancora più emozionante.

www.museum.go.kr

Fai vivere ai più piccoli un'esperienza unica con la realtà virtuale!

Per chi ha bambini, un'attrazione imperdibile del museo è la Immersive Digital Gallery 2. Per godere di questa esperienza VR, è necessario prenotare in anticipo. Le sessioni di VR si svolgono 12 volte al giorno (16 volte il mercoledì e il sabato) e ogni sessione dura 30 minuti, dalle 10:30 alle 17:00. A causa della grande richiesta, le prenotazioni si riempiono rapidamente, soprattutto nei periodi di vacanza. Se hai intenzione di visitarlo, assicurati di controllare la pagina delle prenotazioni per conoscere le date e gli orari disponibili. A volte possono esserci da 1 a 5 posti vuoti, il che offre la possibilità di prenotare all'ultimo minuto.

Trova il tesoro preferito di ciascuna delle 5 diverse dinastie e regni!

La Corea è stata regnata da diverse dinastie e regni nel corso della sua storia. Percorri il museo e scegli il tuo artefatto preferito di ogni dinastia. Confrontati con quelli scelti dai tuoi amici!

4 **Sala della Storia della Prigione di Seodaemun** 서대문 형무소 Seodaemun-gu, Tongil-ro 251 서대문구 통일로 251
6 minuti a piedi (250 m) dalla stazione **Dongnimmin Uscita #5 Metropolitana Linea 3**

**Tutti i giorni mar - ott 9.30 - 18.00 nov - feb 9.30 - 17.00 Chiuso lunedì
(se una festività nazionale cade di lunedi, è chiuso il giorno successivo.)**

COME ARRIVARE

www.sscmc.or.kr

Eretta durante gli ultimi anni dell'Impero Coreano sotto l'influenza dell'Impero Giapponese, è una testimonianza degli anni di difficoltà e angoscia nazionale nella storia moderna e contemporanea della Corea. In particolare, è un simbolo toccante del movimento di indipendenza anti-giapponese, che riflette lo spirito indomito di coloro che hanno combattuto contro l'oppressione giapponese. Conserva ancora la sua forma originale e custodisce i ricordi di innumerevoli patrioti che hanno coraggiosamente resistito all'aggressione giapponese. Visitare questo sito storico permette di rendere omaggio ai sacrifici compiuti da questi patrioti coreani e di lasciarsi ispirare a seguire le loro orme.

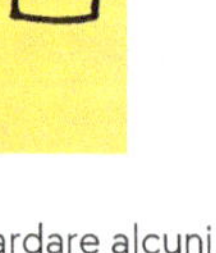

Guarda questi film prima di visitarli per avere un quadro completo!

Prima di visitare il sito, ti consigliamo di guardare alcuni ottimi film/serie TV che ritraggono in modo vivido l'occupazione giapponese della Corea e il movimento indipendentista coreano. Questi film offrono un contesto e una comprensione preziosi del significato storico del sito. Eccone alcuni molto apprezzati da prendere in considerazione:

**"The Age of Shadows" (2016)
"Assassination" (2015)
"Mr. Sunshine" (2018)**

Trovare la pace a Seul

Un viaggio spirituale per calmare la mente e il corpo

Immergiti nel cuore dell'arazzo spirituale della Corea visitando venerati templi buddisti, chiese storiche e grandi moschee. Immergiti in paesaggi tranquilli, abbraccia riflessioni profonde e trova la pace interiore in mezzo alla diversità culturale.

1   **Tempio di Jogyesa 조계사** Jongno-gu Ujeongguk-ro 55 종로구 우정국로 55
7 minuti a piedi (508 m) dalla stazione di **Jonggak Uscita #2 Metropolitana Linea 1**

Scopri la serenità di un tempio Buddista!

Il Tempio di Jogyesa, il cuore del buddismo coreano, deriva il suo nome dal monte Jogyesan, dove un tempo risiedeva il Maestro Hyeneung. Un tesoro culturale, il Buddha seduto che adorna il terreno del tempio. I visitatori sono accolti calorosamente 24/7 nella sala principale. In primavera, assisti allo spettacolo ipnotico di innumerevoli lanterne di loto che illuminano il tempio, creando uno spettacolo incantevole da non perdere, sia di giorno che di notte.

Assisti all'Incantevole parata delle lanterne! ☐

Non perdere il vivace Festival delle Lanterne vicino al Tempio di Jogyesa e alle vie Jongno, che celebra il compleanno di Buddha (4 aprile, la data cambia ogni anno perché si basa sul calendario lunare). Uno spettacolo incantevole sia per gli abitanti del luogo che per i turisti stranieri, il festival prevede vari eventi e sfilate con lanterne colorate che adornano la città. Oltre 100.000 lanterne illuminano le strade principali della capitale, culminando nel finale della Lotus Lantern Parade a Jogyesa. Immergiti nello spirito festivo celebrando il compleanno di Buddha al Festival delle Lanterne del Loto nella zona di Insadong, completato da una visita a questo venerato tempio.

② Santuario reale di Jongmyo 종묘 Jongno-gu Hunjeong-dong 1 종로구 훈정동 1
3 minuti a piedi (299 m) dalla stazione di **Jongno 3(sam)-ga Uscita #11 Metropolitana Linea 1 & 3 & 5**
Gli orari cambiano a seconda della stagione. Controlla la home page prima di visitarla.

ROYAL PALACE PASS

Sperimenta la venerata eredità dell'eredità e dei rituali coreani ☐

È un dignitoso santuario confuciano, dedicato ai re, alle regine e ai discendenti della dinastia Joseon. Circondato dalla natura, è caratterizzato da sale e annessi rituali di preparazione. La semplicità e l'arredamento sobrio del santuario creano un'atmosfera solenne per onorare gli spiriti ancestrali. I rituali hanno un grande significato culturale, riconosciuto dall'UNESCO come "Capolavoro del Patrimonio Orale e Immateriale dell'Umanità" dal 2001 e inserito nella lista del Patrimonio Culturale Immateriale dell'Umanità dal 2008.

COME ARRIVARE

Partecipa a un tour guidato per una visione più approfondita! ☐

Il santuario offre visite guidate in coreano, inglese, giapponese e cinese nei giorni feriali, della durata di circa un'ora ciascuna. Le visite guidate in lingua straniera sono offerte esclusivamente agli stranieri e ai coreani che li accompagnano. Controlla la homepage per maggiori dettagli.

Visita il luogo di nascita del cattolicesimo romano in Corea

COME ARRIVARE

Il luogo di nascita della comunità della Chiesa Cattolica Romana in Corea offre un'opportunità unica di approfondire la ricca storia religiosa e architettonica del paese. L'imponente edificio principale, alto 23 metri, e il campanile di 45 metri, costruiti con una varietà di mattoni rossi e grigi cotti localmente, mostrano la fusione di influenze architettoniche coreane e occidentali. L'associazione della chiesa con l'imperatore Gojong e il sostegno finanziario della Società delle Missioni Estere di Parigi ne accrescono l'importanza culturale, rendendola una meta imperdibile per gli appassionati di storia e gli amanti dell'architettura.

Partecipa a una messa in inglese la domenica!

mdsd.or.kr

Che tu sia cattolico o meno, partecipare a una messa in questa chiesa storica offre un'esperienza unica nel suo genere. La messa in inglese viene celebrata ogni domenica alle 9.00.

koreaislam.org

Visita il luogo di nascita dell'Islam in Corea!

COME ARRIVARE

La moschea è stata fondata con il duplice scopo di servire come luogo di culto per i musulmani in Corea e come centro educativo per promuovere la comprensione dell'Islam e delle culture islamiche tra il grande pubblico. All'interno della moschea troverai l'ufficio della Korea Muslim Federation e una sala riunioni al primo piano. La musalla (sala di preghiera) maschile si trova al secondo piano, mentre quella femminile al terzo. Sia i fedeli che i visitatori sono i benvenuti nella moschea.

Scopri le Leccornie Halal nei Dintorni della Moschea!

Nelle vicinanze della moschea ci sono ristoranti che offrono cucina di vari paesi islamici. Potrai gustare deliziosi piatti halal come kebab, shawarma e delizie turche, tanto che ti sembrerà di viaggiare in nazioni diverse pur rimanendo nello stesso paese!

Santuario dei Martiri di Jeoldusan 절두산 성지 Mapo-gu, Tojeong-ro 6 마포구 토정로 6
7 minuti a piedi (482 m) dalla stazione di **Hapjeong Uscita #7 Metropolitana Linea 2 & 6**

Tutti i giorni 9.30 -17.00 Chiuso lunedì

Scopri il sito del martirio e della fede!

jeoldusan.or.kr

Conosciuto come la Montagna della Decapitazione, questo sito è stato testimone di un tragico processo del 1866, in cui persero la vita fino a 2.000 cattolici coreani, 27 dei quali sono stati proclamati santi. Il museo accanto alla cappella espone alcuni degli strumenti di tortura dell'epoca. Visitata da Papa Giovanni Paolo II nel 1984 e da Madre Teresa nel 1985, è un luogo di ispirazione per tutti. La domenica è il momento migliore per visitarla, perché qui si tengono molti incontri di preghiera.

COME ARRIVARE

Michael Gallagher
flickr.com/michaelgallagher
(CC BY-SA 2.0)

Accendi una Candela di Preghiera ed Esprimi un Desiderio!

Il santuario presenta una sezione dedicata all'offerta di candele di preghiera. Accendi una candela ed esprimi un pensiero sincero per i tuoi cari.

Tempio di Bongeunsa 봉은사 Gangnam-gu Bongeunsa-ro 531 서울 강남구 봉은사로 531
1 minuti a piedi (135 m) dalla stazione di **Bongeunsa Uscita #1 Metropolitana Linea 9**

Tutti i giorni 5.00 - 22.00.m.

Assapora la tranquillità Senza tempo tra i grattacieli!

Questo tempio di 1.200 anni fu costruito nel 794 durante il Regno di Silla. Nonostante sia sopravvissuto alla soppressione del buddismo perpetrato della dinastia Joseon, successiamente divenne il tempio principale della setta coreana Seon (Zen) dal 1551 al 1936. In mezzo ai moderni grattacieli, questo tranquillo tempio offre un contrasto davvero suggestivo in Corea.

Scopri l'Antica Cultura Buddista!

COME ARRIVARE

bongeunsa.org

Al tempio ti aspettano numerose attività, tra cui il "Temple Stay Program" di 2 giorni che offre un'esperienza monastica coinvolgente. Goditi le visite guidate al tempio, la creazione di lanterne di loto, la meditazione, il Dado (cerimonia del tè), la creazione di Mandala di sale, la copiatura dei Sutra, le 108 prostrazioni e le conversazioni con i monaci, tutte tenute in inglese. Per conoscere le informazioni più recenti, visita la homepage.

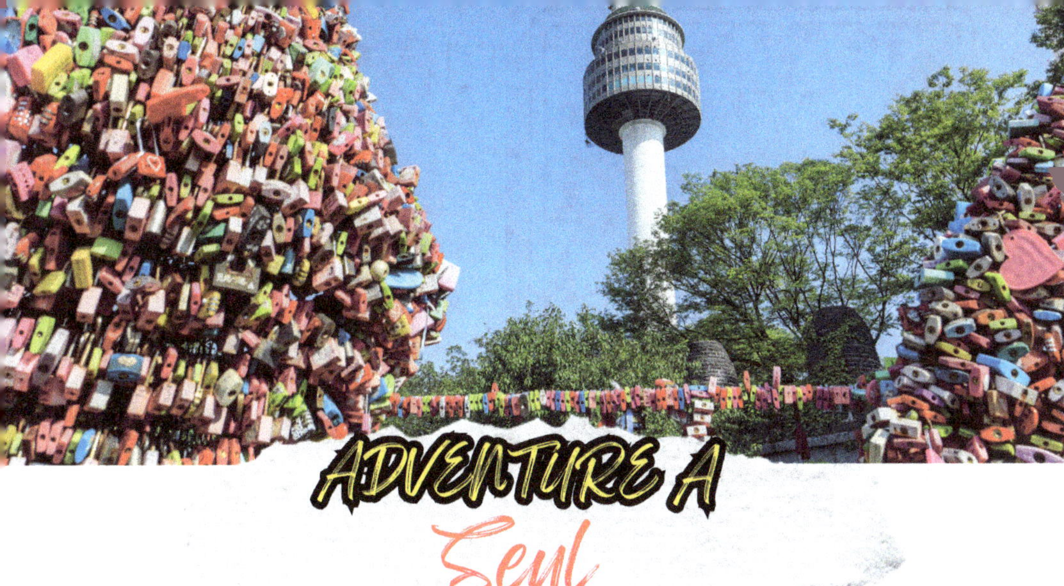

ADVENTURE A
Seul

Attività romantiche e per famiglie per tutti i gusti

Per famiglie che vogliono rafforzare i propri legami o per le coppie in cerca di momenti romantici, Seul offre tantissime emozioni ed esperienze indimenticabili per tutti. La città promette un delizioso mix di avventure intime e familiari che creeranno sicuramente dei ricordi da custodire.

1 **Torre Namsan Seoul 남산 서울타워** Jung-gu, Sopa-ro 83 서울 중구 소파로 83
13 minuti a piedi (508 m) dalla stazione di **Myeongdong Uscita #3 Metropolitana Linea 4**
Tutti i giorni 10.00 - 23.00

COME ARRIVARE

Visita l'isola romantica di Seul!

nseoultower.co.kr

Questa magnifica torre, che si erge in cima al monte Namsan (876,61 ft / 236,7 m), si è guadagnata il titolo di "Isola Romantica" di Seul, nel cuore della città. Rinomata per il suo fascino intramontabile, offre una vista panoramica mozzafiato di Seul. Simbolo della città stessa, questa torre vanta il prestigioso titolo di prima attrazione turistica scelta dagli stranieri ed è venerata come "luogo sacro" per le coppie, che vengono a crogiolarsi nell'aura dell'amore eterno.

Visita il secondo bagno più alto di Seul!

Non perdere l'occasione di visitare il secondo bagno più alto di Seul, situato al secondo piano dell'osservatorio!
La più alta si trova nella Lotte World Tower".

Sotto l'ingresso della Torre, una tradizione commovente attende i visitatori, invitandoli a esprimere il loro amore attaccando un lucchetto a un albero o a una recinzione. Che tu scelga di portare il tuo lucchetto o di trovarne uno in un negozio vicino, questo gesto toccante permette alle coppie di simboleggiare il loro affetto in un modo sentito. Anche per chi non ha un partner, l'albero dei lucchetti d'amore offre la possibilità di riflettere sull'amore condiviso con la famiglia!

Istituto di ricerca e informazione sull'istruzione di Seul 서울특별시교육청 교육연구정보원
Jung-gu, Sopa-ro 46 중구 소파로 46

Un percorso alternativo per raggiungere la Torre Namsan è la scalinata che si trova vicino all'Istituto di ricerca e informazione sull'istruzione di Seul. Sali l'alta scalinata, famosa in quanto location delle riprese del film "My Name Is Kim Sam-soon", e segui il sentiero per scalare la Montagna di Namsan verso la Torre N. Per ricordare i personaggi del film, gioca alla morra cinese determinare il tuo destino di scalatore proprio come hanno fatto loro!

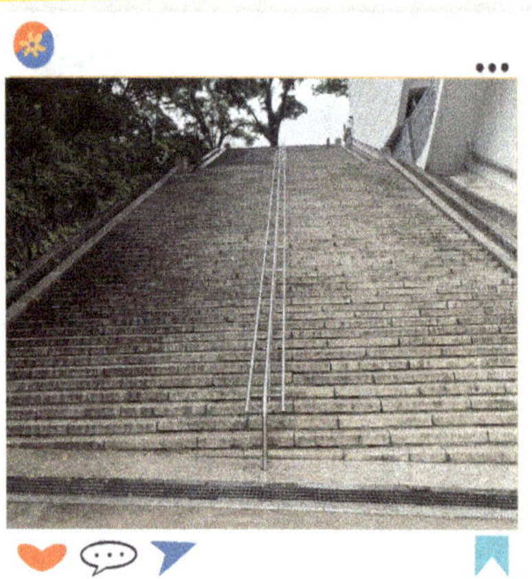

COME ARRIVARE

컬러램프지니
blog.naver.com/khjw0515
(CC BY-SA-KR 2.0)

2 Itaewon World Food Street 이태원 세계음식거리
Percorrendo il vicolo accanto all'**Hamilton Hotel**, troverete ristoranti e bar su entrambi i lati. **Itaewon Uscita #1 o #4 Metropolitana Linea 6**

COME ARRIVARE

Itaewon è il luogo più eterogeneo della Corea, un quartiere internazionale in cui convivono persone provenienti da tutto il mondo. Quest'area particolare, che mescola culture diverse, è molto apprezzata non solo dai turisti stranieri, ma anche dai coreani che vogliono sperimentare la cultura internazionale in Corea. Itaewon, con il suo contrasto di culture diurne e notturne, offre un'atmosfera unica, diversa da qualsiasi altro luogo di Seul!

Prova i ristoranti esotici non coreani!

L'Itaewon World Food Street offre una serie di cucine internazionali, talvolta adattate alle preferenze dei coreani, che ti permettono di gustare sapori ancor più unici. Anziché scegliere un posto, passeggia tra i vicoli per fare scoperte e sorprese inaspettate.

Vai a fare bar hopping in almeno 3 bar diversi!

A Itaewon la notte supera il giorno e attira chi cerca il divertimento giovanile. In questa vivace scena, fare nuove amicizie nei bar a tema creativo è particolarmente eccitante. Lasciati conquistare dai bar distinti e divertenti di Itaewon!

Partecipa alla festa annuale in piscina!

Sfuggi al caldo e goditi la splendida vista di Itaewon dalla piscina al quinto piano. Sia gli abitanti del posto che i turisti si riversano qui per guardare la gente, per divertirsi in piscina e per il panorama sociale. Il nuoto, le feste e il bere sono di casa, sia in piscina che al bar in cima all'Hamilton Hotel. Prendi il sole, nuota, ascolta la musica del DJ, mangia hamburger e bevi qualcosa di fresco.

Acquista souvenir coreani divertenti!

hamilton.co.kr

Passeggiando, potrai imbatterti in venditori ambulanti che offrono divertenti souvenir coreani, come cappellini da baseball e magliette, perfetti come souvenir divertenti per i tuoi amici a casa!

Fai una passeggiata nel giardino sopra la città!

Seoullo7017, conosciuto anche con il nome Seoul Skygarden, è l'affascinante risultato di un progetto di riqualificazione urbana. È una passerella pedonale sopraelevata lunga oltre un chilometro che offre ai visitatori un'esperienza unica e coinvolgente. Questo splendido percorso paesaggistico un tempo era un vecchio cavalcavia dell'autostrada, ma è stato trasformato in un'oasi verde, ornata da una varietà di piante, fiori e installazioni culturali. Offre uno sguardo accattivante sul passato e sul presente della città, offrendo al contempo una vista mozzafiato sulle vivaci strade sottostanti.

Aspetta il tramonto per goderti l'incantevole atmosfera notturna!

Seoullo 7017 si trasforma in modo accattivante di notte, offrendo un'atmosfera completamente diversa. Attendi il tramonto per assistere all'ipnotica differenza e sperimentare il suo incantevole fascino!

Scopri il palo di pietra che testimonia il suo passato!

Mentre passeggi lungo la passerella, tieni d'occhio il palo di pietra con la scritta **서울고가 (strada sopraelevata di Seul.)** che testimonia il suo significato storico. Scoprire questo punto particolare ti permetterà di apprezzare la straordinaria trasformazione che ha avuto luogo qui.

Cheonggyecheon 청계천 Jongno-gu Cheonggyecheon-ro 1 서울 종로구 청계천로 1
12 minuti a piedi (387 m) dalla stazione di **Dongdaemun Uscita #6 Metropolitana Linea 1 & 4**

COME ARRIVARE

Scopri un'oasi urbana nel cuore della città!

Tempo fa era solo un corso d'acqua abbandonato. Ma un progetto di restauro lo ha trasformato in un bellissimo parco lungo 7,0 km nel centro di Seul. Ora è come un'oasi in città, piena di bellezza naturale. Ci sono 20 bellissimi ponti che mostrano come il passato e il futuro possano essere amici. È un luogo perfetto per una passeggiata rilassante, per divertirsi in famiglia o per una serata romantica.

Trova questi ospiti animali speciali!

Talvolta, aironi e garzette visitano il ruscello, simboleggiando la perfetta fusione tra architettura moderna e conservazione della natura ottenuta grazie al progetto di restauro. Tuttavia, avvistarli dipende dalla fortuna perché la loro presenza varia a seconda delle stagioni e delle condizioni ambientali.

Immergi i piedi per rinfrescarti!

Con l'arrivo del caldo a Seul, sempre più persone visitano il ruscello per rinfrescarsi. Sebbene sia consentito immergere i piedi, il nuoto e la balneazione sono proibiti secondo l'ordinanza della città!

휴잉그외 blog.naver.com/essallee
(CC BY 2.0)

COME ARRIVARE

All'inizio del ruscello troverai "Spring", una meravigliosa opera d'arte realizzata dal famoso artista pop Oldenburg. Questa scultura è stata creata per celebrare il primo anniversario del restauro del torrente ed è famosa per la sua forma a cono.
È interessante notare che in Corea esiste uno snack chiamato "Kokkalcorn (꼬깔콘)" che ha un aspetto molto simile! Quindi, fai una breve sosta in un minimarket nei dintorni, prendi questo snack e scattate una foto memorabile insieme!

4 **Museo Kimchikan 뮤지엄 김치간**
Jongno-gu, Insadong-gil 35-4, 4~6F 종로구 인사동길 35-4, 4~6층
5 minuti a piedi (344 m) dalla stazione di **Anguk Uscita #6 Metropolitana Linea 3**
mar - dom 10.00 - 18.00 lun, 1/1, chiuso Seollal, Chuseok, Natale

COME ARRIVARE

museumkimchikan   **kimchikan.com**

Niente rappresenta la cultura coreana più del kimchi! Questo museo offre un modo rapido e completo per imparare tutto su di esso. È stato fondato nel 1986, poi ristrutturato e riaperto il 21 aprile 2015 con il nome di "Museum Kimchikan". Il museo è ricco di mostre reali e digitali incentrate sul kimchi. Ci sono esposizioni interattive e attrazioni da ammirare ad ogni piano, dal 4° al 6°.

*Non è necessaria la prenotazione per gruppi di 20 persone o meno; contattaci per gruppi più numerosi.

Partecipa a questo entusiasmante corso di preparazione del kimchi e crea il tuo kimchi da portare a casa! Non dovrai portare alcunché: ti verrà fornito tutto l'occorrente in loco. Sono tutti benvenuti, compresi i bambini dai 6 anni in su. Se i tuoi piani cambiano, informati almeno 4 giorni prima della prenotazione. Riunisci gli amici, perché è necessario un minimo di 5 partecipanti (il programma può accogliere fino a 24 partecipanti). Partecipa a questo meraviglioso viaggio nella preparazione del kimchi e immergiti nella cultura coreana!

*Prenota in anticipo inviando un'e-mail a **museum@pulmuone.com**.
Visita la homepage per maggiori informazioni.

Daehak-ro 대학로
Jongno-gu, Jongno-5(o)-ga Uscita # 1-8 ⟷ Jongno-gu, Daehak-ro 156
종로구 종로5가역 1 ~8 출구 ⟷ 종로구 대학로 156

Scopri un vivace parco giochi per i più giovani!

COME ARRIVARE

Il suo nome significa letteralmente "strada dell'università", è conosciuta come il fulcro delle arti dello spettacolo coreane, è una concentrazione di piccoli teatri. Il nome deriva dall'istituzione dell'Università Imperiale di Gyeongseong durante l'era coloniale giapponese nel 1922. Dopo la liberazione, divenne l'Università Nazionale di Seul fino a quando non si trasferì e l'area mantenne il nome di Daehak-ro. Nonostante non ci sia più un'università, è comunque un luogo vivace per le giovani generazioni, ospitando diverse attrazioni, attività e divertimenti che offrono spunti per le tendenze e gli interessi attuali.

보현 blog.naver.com/qwd7882

Canta a squarciagola a Coin Noraebang!

Il Coin noraebang (karaoke) 코인노래방 offre intrattenimento a prezzi accessibili in una sala privata con i tuoi amici, perché puoi pagare per canzone o utilizzare pass a tempo con monete o carte di credito! Le sale sono provviste di moderni sistemi audio e di touch-screen per scegliere le canzoni. Facilmente reperibile in tutta Seul, è uno dei luoghi di ritrovo preferiti dagli appassionati di canto. Le canzoni sono disponibili in molte lingue.

- 악쓰는하마 Jongno-gu, Daemyeong-gil 9, 3F 종로구 대명길 9, 3층
  Tutti i giorni 12.00 - 2.00

- 에코 Jongno-gu, Daemyeong-gil 40, B1 종로구 대명길 40, 지하 1층
  lun - gio 9.00 - 16.00 ven - dom 9.00 - 6.00

폰앤러브 blog.naver.com/hddpark7

Immortala i tuoi momenti più felici in "Foto a 4 Scatti"!

Il trend delle "foto a quattro scatti" sta spopolando nei quartieri più popolari, affascinando i giovani coreani come ultima moda per catturare i ricordi. Le cabine a prezzi accessibili offrono diverse caratteristiche come oggetti di scena, illuminazione personalizzabile e decorazioni degne di Instagram!

- 인생네컷 Jongno-gu, Myeongnyun 2-ga 186-2
  Tutti i giorni 24/24   종로구 명륜2가 186-2

- **Photoism Colored** 포토이즘 컬러드
  Jongno-gu, Myeongnyun 4-ga 46-1 종로구 명륜4가 46-1
  Tutti i giorni 24/24

- 시현하다 **Frame** Jongno-gu, Myeongnyun 4-ga 22-1
  Tutti i giorni 24/24   종로구 명륜4가 22-1

Una visita a un PC bang 피씨방 ("stanza") non può mancare per ogni turista in cerca di un'esperienza unica ed entusiasmante, perché non sono solo perfette per giocare con gli amici ma anche un discreto luogo dove incontrarsi! La parte migliore è la fantastica selezione di cibo, che va dai noodles istantanei ai piatti sapientemente preparati dallo staff di PC bang!

- **프리미엄 PC방** Jongno-gu, Daemyeong-gil 9
  종로구 대명길 9   **Tutti i giorni 24/24**
- **이스포츠 PC방** Jongno-gu, Seonggyungwan-ro 12, 2F
  종로구 성균관로 12, 2층   **Tutti i giorni 24/24**

Vivi l'emozione degli emozionanti escape cafè coreani! Metti alla prova il tuo ingegno e il tuo lavoro di squadra risolvendo enigmi e superando sfide in avventure coinvolgenti con gli amici o la famiglia. Gareggia contro il tempo per riuscire a fuggire dalla stanza in un tempo prestabilito! Vivrai un'esperienza indimenticabile che ti lascerà con la voglia di risolvere altri misteri. Affrettati, il tempo scorre!

- **Secret Chamber 시크릿챔버** Jongno-gu Myeongnyun 2-ga 21-18
  Tutti i giorni 10.00 - 0.00   종로구 명륜2가 21-18
- **Sherlock Holmes 셜록홈즈** Jongno-gu, Daehak-ro 10-gil 5, 4F
  종로구 대학로 10길 5, 4층
  lun - ven 12.00 - 23.00 sab - dom 11.00 - 23.00
- **Epilogue 에필로그** Jongno-gu, Daehak-ro 8ga-gil 48
  Tutti i giorni 10.00 - 21.50   종로구 대학로8가길 48

Lily blog.naver.com/yujin_blog
(CC BY-SA-KR 2.0)

Il Marronnier Park 마로니에 공원 a Daehak-ro è rinomato per la sua sala spettacoli all'aperto, che ha fatto da palcoscenico per il debutto di numerosi cantanti e attori di spicco. È un luogo amato da tanti artisti diversi, da cantanti amatoriali che suonano chitarre acustiche nei fine settimana a talenti emergenti che mettono in mostra le loro capacità. Qui si tengono vari eventi, come festival, esibizioni di busking e mercatini delle pulci, che lo rendono un vivace spazio culturale e artistico.

COME ARRIVARE 

이슬한잔 blog.naver.com/photoc3
(CC BY 2.0 KR)

v희야v blog.naver.com/plysh

Scoprite il fascino artistico del Villaggio Murale!

Villaggio murale Ihwa 이화 벽화 마을
Jongno-gu, Ihwa-dong 9- 413 종로구 이화동 9-413
14 minuti a piedi (763 m) dalla stazione di **HyehwaUscita #2 Metropolitana Linea 4**

COME ARRIVARE

Questo luogo affascinante è il risultato di un progetto governativo per trasformare un quartiere sottosviluppato in un'area artistica. Le iniziative congiunte di residenti locali, artisti, studenti e volontari hanno collaborato per dipingere splendidi murales. Troverai vicoli unici e caffè affascinanti che offrono una vista mozzafiato sul centro di Seul. Purtroppo alcuni murales sono stati rimossi a causa delle lamentele dei residenti per il crescente numero di turisti. I turisti sono invitati ad esplorare i pittoreschi vicoli e i caffè del villaggio rispettando le tranquille aree residenziali.

*Per godere di una visita più rilassata e piacevole, consigliamo di programmare il viaggio nei giorni feriali e di evitare la calca.

6 **Funny Saju 재미난조각가** Mapo-gu, Seogyo-dong 358-124, 2F 마포구 서교동 358-124 2층
8 minuti a piedi (546 m) dalla stazione di **Hongik University Uscita #9 Metropolitana Linea 2**

02-325-4543   Tutti i giorni 12.30 - 23.30

Fornitori di servizi *ENG / CHN disponibili! Chiama per un appuntamento.

Sblocca il tuo destino con la cartomanzia tradizionale coreana!

I turisti che visitano la Corea devono provare la lettura saju 사주, un metodo antico che utilizza i "quattro pilastri del destino" per predire il destino e la sorte in base al momento della nascita. Un esperto lettore saju interpreta gli otto caratteri associati alla tua nascita, che rappresentano l'energia yin o yang e i cinque elementi primari, fornendo indicazioni su vari aspetti della vita e del futuro. Non ci si può fidare ciecamente del saju, ma lo si apprezza per l'intrattenimento e i consigli di vita. Inoltre, le coppie possono esplorare il Gunghap 궁합, l'analisi della compatibilità coniugale, e scoprire se sono compatibili. Questa pratica culturale testimonia il fascino coreano di svelare il fato e il destino. Che si tratti di intrattenimento o di guida alla vita, le letture saju offrono una panoramica unico sulla cultura e sulle tradizioni coreane.

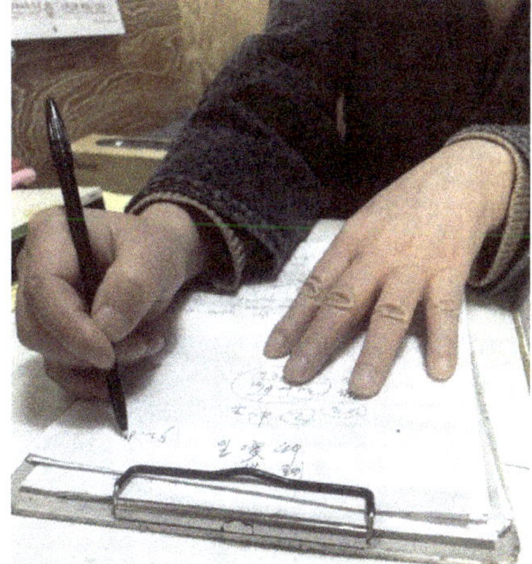

용진 blog.naver.com/thdwodms233

COME ARRIVARE

*Tieni a portata di mano il tuo nome e la data di nascita nel sistema del Calendario Lunare, oltre all'ora, prima di visitarlo!

Rilassati e ricaricati in una sauna tradizionale coreana – Jjimjilbang

Il jjimjilbang 찜질방, il bagno tradizionale della Corea, offre ai turisti un'esperienza di rinvigorimento unica, con saune, vasche idromassaggio e sale vapore a tema. I visitatori possono immergersi nella cultura coreana e nel relax, grazie a varie strutture di intrattenimento per socializzare e vivere esperienze comuni. Famiglie, coppie e amici visitano spesso il centro per una fuga rilassante, godendo di sale riscaldate e a vapore, oltre a ristoranti, snack bar, fitness club, sale PC, karaoke, onicotecnici, massaggi sportivi, sale giochi e pernottamenti a prezzi convenienti.

COME ARRIVARE

Quando entri in un jjimjilbang, devi indossare gli indumenti che ti forniscono per mantenere la pulizia e prevenire la contaminazione da germi o virus che potresti aver portato dall'esterno.

Prova almeno 3 sale sauna diverse

마음자리 blog.naver.com/pej1425
(CC BY-SA-KR 2.0)

Scopri le varie sale sauna con temperature diverse e benefici per la salute, come la sala del sale, la sala del carbone, la sala delle erbe e la sala della giada. Si dice che ogni stanza offra un'esperienza diversa e un rilassamento particolare per il tuo corpo.

Le Jjimjilbang di solito sono composte da aree separate per sesso e unisex, con spogliatoi e bagni separati. Le sale vapore e i pavimenti riscaldati comuni sono spesso unisex, ma possono variare da una struttura all'altra.

Prova a fare il "Cappello di asciugamano con testa di Agnello" coreano

Il cappello yangmeori 양머리 "Testa di Pecora/Agnello" ha guadagnato popolarità dopo che il personaggio principale lo ha indossato nella serie televisiva di successo "My Name is Kim Sam-soon" nel 2005. Nel jjimjilbang, persone di tutte le età e di tutti i sessi lo usano per assorbire il sudore, tenere a posto i capelli e aggiungere un tocco carino al loro aspetto!

Impara a fare l'asciugamano coreano con la testa d'agnello!

Fatti uno scrub corpo coreano per una pelle liscia come quella di un bambino!

In Corea, il ttaemiri 때밀이 (scrub del corpo) è un metodo popolare per ottenere una pelle liscia. In molti bagni pubblici coreani e nei jjimjilbang, i professionisti della pulizia del corpo offrono servizi completi di scrub. Il processo consiste nell'immergere il proprio corpo in acqua calda per ammorbidire le cellule morte, seguita da un accurato scrub con asciugamani e guanti speciali.

복많이
blog.naver.com/hjwwworld
(CC BY-SA 2.0 KR)

Fai una pausa dalle passeggiate e dalle visite turistiche per rilassarti nelle varie aree di riposo, tra cui pavimenti riscaldati e sedie reclinabili. Alcuni jjimjilbang offrono stanze per dormire o per pernottare, consentendo ai visitatori di ricaricarsi e rinfrescarsi.

---

8 **Lotte World 롯데월드** Songpa-gu, Ollimpik-ro 240 송파구 올림픽로 240
2 minuti a piedi (145 m) dalla stazione di **Jamsil Uscita #4 Metropolitana Linea 2 & 8**

lotteworld.co.kr

COME ARRIVARE

Questo imponente complesso di intrattenimento attira più di 7 milioni di visitatori all'anno, vantando il primato di ospitare uno dei parchi a tema più grandi del mondo. Oltre alle sue giostre divertentissime, il complesso offre diverse attrazioni tra cui centri commerciali, un hotel di lusso, un museo popolare coreano, strutture sportive e cinema. Inoltre, ospita la pista di pattinaggio più grande della Corea. In tutto il parco, vari spettacoli affascinano i visitatori.

Il Lotte World si divide principalmente in tre sezioni:
Avventura - situata al piano terra interno;
Underland - situata nel piano sotterraneo interno;
Magic Island - isola artificiale all'aperto

Migliora la tua esperienza scaricando l'app "**Lotte World Adventure**", che fornisce informazioni sugli orari degli spettacoli, sui tempi di attesa delle attrazioni, sulle chiusure e sulla manutenzione. Inoltre, consente agli utenti di registrare facilmente i biglietti fisici scansionando il QR code!

Ziggymaster
via wikimedia commons
(CC BY-SA 3.0)

Affitta e indossa le uniformi scolastiche coreane e divertiti al Lotte World! È un modo speciale per gli stranieri di sentirsi studenti coreani e per i coreani di ricordare il loro passato. Tutti, giovani e meno giovani, possono divertirsi!

- **Gamsung Gyobok 감성교복** (a piedi direttamente dall'ingresso di Adventure al piano inferiore del Lotte World). **gamsunggyobok.com**

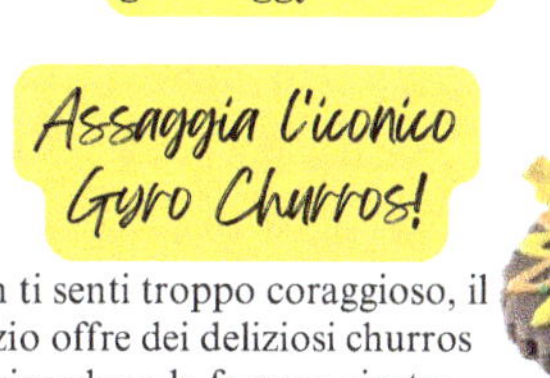

Se non ti senti troppo coraggioso, il negozio offre dei deliziosi churros che ricordano la famosa giostra "Gyro Drop" del Lotte World.

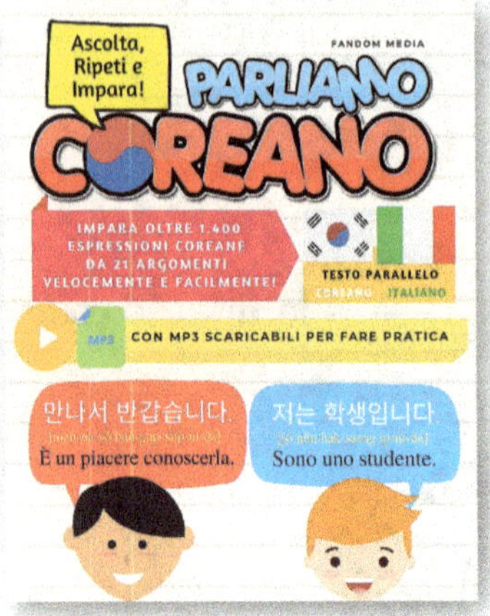

PARLIAMO COREANO

Impara le frasi coreane essenziali per capire e interagire con il popolo coreano. Ti sentirai sicuramente più accolto.

Guida Turistica della Metro di Seul Corea

Come Godersi le 100 Migliori Attrezioni della Città Prendendo Semplicemente la Metro!

Lista della Spesa della Corea

Una Guida Locale a Oltre 150 Cose da Fare Assolutamente a Seoul!

Per conoscere l'elenco completo dei titoli, visita
newampersand.com.

www.ingramcontent.com/pod-product-compliance
Lightning Source LLC
Chambersburg PA
CBHW052226150726
48002CB00003B/1292